從心開始幸福

斯瓦米韋達的瑜伽心靈豐盛法則

斯瓦米韋達・帕若堤——著
Swami Veda Bharati
石宏——譯

目次

CHAPTER 04

隱約非暴，謹言慎行

CHAPTER 05

業力來自心印

前言 靜坐帶來內在的圓滿

宇宙中最純淨、最寂靜的中心就是你的內在，那是最甜美、最光明的所在。只要你用心感覺一下自己，就可以進入那個地方。

就只感覺你的「在」，你這個「在」沒有姓名、沒有形體、沒有狀態，只是一種生命的覺知力，那就是你。覺知自己，只覺知那個「在」，這個有知覺的「在」，就是瑜伽所稱的「生命之我」（jiva-atman）、「覺性的我」（chitta-atman）。

請保持平緩的呼吸。覺知是「誰」在呼吸。注意正是自己的意念在帶動呼吸之流；那意念從覺性的中心，從那心意駐留之處而來。覺知正是自己在帶動呼吸的進出。

呼氣、吸氣，用整個身體呼吸，從腳下到頭頂，又從頭頂經過整個身體回到腳下；身體每一個細胞都充盈著生命覺性的光。

接著，感覺那生命的能量「普拉那」流注全身每一個細胞中，沒有淤塞，沒有阻礙。

現在，把注意力放在臍輪，那是能量盤踞發動之處。感覺肚臍和胃部如何隨著吸氣而慢慢放鬆，又隨著呼氣而輕輕向內縮。感覺它是如何隨著呼吸的節奏而輕輕起伏。

呼氣，感覺似乎有發出「瀚（ham）——」的聲音，但是不要真的發出聲音。吸氣，感覺似乎有發出「搜（so）——」的聲音。吸氣是「搜——」，呼氣是「瀚——」。感覺呼吸是從肚臍到鼻孔、從鼻孔到肚臍循環反覆的「搜——瀚——」。

繼續這樣呼吸，感覺氣息在鼻腔內流動。呼氣，心中想著「瀚——」。吸氣，心中想著「搜——」。保持這樣的呼吸。

一口氣盡了，不要停，立即開始下一口氣。

心中繼續想著「搜——」吸氣，「瀚——」呼氣。關注自己的呼吸、心念，感覺「搜——瀚——」滙聚成為一條流體。現在，所有的心念也變成一條順暢的流體。

繼續看著這條覺性之流，輕輕睜開眼睛。即使睜開了眼睛，也請繼續關注自己的呼吸、心念、「搜——瀚——」之流，不要停斷。不論你是站著、坐著，還是正在等待什麼，那光明的神性都不曾離開過你。你應該時刻覺察它，與它共處。

現在，可以把盤著的腿放開，輕鬆坐著，但還是要繼續覺知自己的心念和呼吸。

願神祝福你。

靜坐時，會發生兩件事。你會感覺不到時空的存在，回歸絕對孤單的個人狀態中。此時，即使你身處人群中，也仍然是孤單的。感覺到孤單的最佳場所是在人群中，因為所身處的空間中沒有其他人，只有你。彷彿處在一間無形的屋中，那就是你的空間，但你並不會覺得受到拘束。

當你從所處的時空中抽離，回歸自我，進入這個「在」，就會發生另一件事。你會感覺似乎冥冥之中有神力與自己相通，它們祥和、寂靜、平定，帶來靈感和啟發，令人獲得一種內在圓滿充實的感覺。

如果你靜坐的功夫還不深，就只會覺知到一點點輕微的感應。但如果靜坐經驗豐富，你就越來越能感應到神力，那種覺受也會越發深刻。不過，內在感應到的究竟是什麼，卻難以理解、無法界定和言傳，因為那是無以名之的。

中國的老子說，「道可道，非常道。名可名，非常名。」①我希望能讀中文的讀者，一定要去讀老子的著作。我很羡慕你們能直接讀原文，不必像我一樣要讀外文的翻譯。這是老子《道德經》開宗明義的第一句話，和印度《奧義書》所說「無名、無色」的哲理是一樣的。領悟了這個道理，就能瞭解靜坐。在靜坐時面對的那個事物，是叫不出名字、沒有形象的；它沒有結構可言，不受任何限制，大到無邊無際；它不屬於過去、現在和未來。古代禪定大師必讀的《奧義書》中稱它為「Purna」，也就是那至圓滿的充實，至充實的圓滿。

你為什麼會徘徊世間，如同迷途之人？為什麼會覺得人生如此困惑？為什麼總感覺碰觸不到自己想要的東西，也說不上來自己究竟在追求什麼？

因為，你是在向外探尋。比如以為某個人能滿足你；這個女的會讓你幸福，那個男的會讓你快樂。也許你覺得征服了某個目標就能得到權力和勢力，所以整個人生裡都在不斷尋找要征服的目標；今天要一張大床，明天要一棟大屋，後天還要一輛名車，而且車型大到很多街道根本開不進去，你想以此來炫耀，以為炫耀會帶來生命的滿足感。

可是你真的滿足了嗎？這種滿足感能持續多長的時間？這些無常的東西能讓人滿足多久呢？

人應該往自己的內在去探索，去到那沒有名字、超越時空、像天宇般廣袤的所在。古代的大師在《奧義書》中說，**人的內在比宇宙還要廣闊**。這種觀點並非憑空捏造，也不是詩意的想像，而是透過他們親自印證、體驗到的。他們先在自己的內在找到了，然後和我們分享，確實能向內找到這無邊無際的所在。去吧，把它找到。

你要漸漸增加自己靜坐的時間。很多人說他們太忙，可是，當站在某處等公車的時候，你在做什麼？有利用那段時間嗎？當你坐在什麼地方，比如在醫院候診，或在等人的時候，又在做什麼？

從你呱呱落地到嚥下最後一口氣為止，呼吸一直伴隨左右。它哪兒都不去，只是在等你，它是交通工具，可以載著你橫渡內在那沒有時空的廣大無垠。它此刻就在你的裡面，而且無時無刻不在那裡。

你不必因為我是個來自印度的斯瓦米，就無條件地相信我。可是我所告訴你的，都是我自己已經體證的。菩提達摩告訴你的，也是菩提達摩證悟到的。還有那些橫渡戈壁、穿越塔克拉瑪干沙漠的祖師、聖者，他們來到中國開創宗派、傳授禪修之道，你也不用無條件相信他們。

你只要相信，「他們找到了某些東西，希望分享並傳授給中國的廣大群眾」，而且他們的確做到了。所以，今天在中國和日本仍然有禪宗與禪修。這些祖師教人們怎麼修行，只要你照著去做，就可以深入自己的內在，找到他們以往所找到的。

要怎麼找到進入自己內在的路徑？我已經講過許多次了[2]，你是沿著哪條路通過感官去往外面的宇宙世界，就再順著那條路找回去。張開眼，你就從內在跑了出來；閉上眼，就可以進去。用耳朵聽外界的聲音，你就從內在跑了出來。同樣的，你用耳朵留神傾聽內在的聲音，就可以進去。在心輪[3]、臍輪、喉輪、頭頂梵穴的千瓣蓮花中（覺性接觸到這個中心時，有如蓮花在日出時綻開花瓣，所以古人以蓮花來比喻[4]），能找到內在的神性。要學習如何去找，並且不斷深入。

記住，這內在的中心離你不遠。若是你找到了，就會覺得它的滋味比任何美酒都香醇。若是能品嚐到它，就能把一切阻礙、困惑都拋諸腦後。因為在那裡，一切都是交匯融合的；在那裡，原本分離對立的你，終將變得完整。

人常常在當下不斷掙扎，內心矛盾接二連三地生起。我該做這還是做那？我要往這裡去，還是往那裡去？家人愛我嗎？他們為什麼如此對待我？該怎麼向他們表達愛意？這些問題總在我們的心中翻騰，停不下來。但如果靜坐的功夫夠了，我們就可以統一內在的能量，讓它匯成一股覺性之流。

大家只需要使用一個咒語。在剛才的靜坐中，我建議用的咒語是「搜——瀚——」，意思是「我就是那個」。我就是自己在追尋的那一切；就是那無始以來的生命。印度的《吠陀》所說的「日他」（Rta），中國人稱之為「道」，我就是那個。我是「日他」，是「道」，是無所不在的那股能量。

每當孩子揚起小手，哭喊著仰望母親時，母親就會彎下腰把孩子抱起來。靜坐就像是心靈在向神聖的母親吶喊。這神聖的母親，在印度叫做「杜爾嘎」（Durga），另一個名字是「度母」（Tara），又叫「觀音」。在希臘，她叫做「雅典娜」。天主教則稱她為「瑪利亞」。她有許多名字，但都是同一位聖母，就是「夏克提」（Shakti）⑤的本源。她會彎下腰來迎接你，帶給你綿綿的愛意，使你提升。我保證，你漸漸地就會有所感應。你不必現在就相信我，先去做做看，自己去體驗內在那種被提上去的充實感覺。

如果你還沒有自己的咒語，靜坐時就先用簡短的一、二字咒，咒語不必太長。讓咒語的音節隨著呼吸一進一出。呼氣——吸氣——你會感覺就像在呼吸咒語，從心中出來，又回到心中，讓自己的整個內心緩緩地流進流出。以後還有很多種法門可以學，你可以讓心念留駐任何地方，但現在只需體會到是整個自我在呼吸。

你在專心覺察自己的呼吸之流時，可以這麼觀想：所有正在呼吸的生靈都成為你的一部分，他們的靈和你的靈不再有區別。隨後，你心中就會開始呼籲非暴力、勿傷生⑥，因為所有會呼吸的生靈都是你，萬物一體，誰能傷誰？誰能害誰？誰能恨誰？誰能對誰大呼小叫？誰能詛咒誰？

透過呼吸，可以把你和其他生靈結合為一體，漸漸地，心中就會自然生起慈悲，猶如觀音、度母和菩薩。這種慈悲心能把你的世界變成美麗的淨土。

要知道，即使是樹，也是和你一起呼吸的。下次你看見一棵樹的時候，可以把自己的背靠在樹幹上，感覺那樹的靈和自己一同呼吸，呼吸之流上升到樹梢，又回落到樹根；感覺樹的力量進入了身體，樹的靈和自己的靈合而為一。不幸的是，在當今世界上，人類不停地戕害一切生靈，恣意殺害會呼吸的動物，砍伐會呼吸的樹木，甚至連會呼吸的同類也不放過。

我希望你能記住這個簡單的練習，自己去做，不用等著加入什麼團體共修。不論身在何處，都可以向內探索，去找那圓滿充實的所在。儘管去舀取生命之流，把心靈之杯灌滿，賦予自己人生新的意義吧。沒有人可以幫你找到人生的新意義，只能去自己的內在尋求。

此外，請每隔一段時間就做一次二十四小時的靜修，其間大部分時間需要靜坐。靜修時不要說話，不要浪費這能量，不要把它丟出去，要守住。我邀請你們每一位都到我們的學院來，它位於印度瑞斯凱詩的恆河邊上，四周氛圍寧靜，百花盛開。我們會安排專人指導靜修，時間期限可以是一天、三天、十天、四十天、九十天，甚至更長。你會有所突破，找尋到自己內在能量的源頭。

要切記，靜坐時必會有所感應。所有大師以及他們的祖師，都在用他們的定、他們的光為你加持。靜坐時，感受到那片刻的入定，覺得萬物俱寂的時候，就是大師們、他們的祖師們，乃至祖師的祖師們，在用他們的定為你加持、灌頂，而你得到的僅是其中的點滴。終有一天，你的心能夠領受到的，會大如太陽、月亮。而現在只是剛開始，你正在漸漸瞭解自己內在那個「無始」的源頭。

開始練習靜坐時，不要總是改換咒語。當選定一個咒語，例如「搜——瀚——」，或者指導老師給了你一個咒語，就固定用它，不斷地使用，讓它在心上刻下深深的痕跡。

只要能在固定的時間靜坐，每天如此地坐上六個月，必會有所感應。內在會呼喚你，讓你知道：「噢，我受到感召了。」所有的大師們會呼喚你，菩薩們會呼喚你，上師們會呼喚你。那個時候，即便在睡眠之中，他們也會喚醒你。

請在每個月的滿月之日，和我同時靜坐。你可以自己坐，也可以加入團體。希望你能有機會來我們的學院學習禪定，從正確的坐姿、呼吸、放鬆等方法開始，漸次深入學習。這是一條永無止境的學習之路，但目的地就是那無際無量的核心，而它就在你的內在。

斯瓦米・韋達　二〇一〇年

---

1. 出自老子《道德經》，意思是可以說出來的東西，就不是恆常的；可以用名去稱謂的，就不是恆常的名稱。
2. 請參閱斯瓦米韋達所著的《拙火瑜伽》一書。
3. 瑜伽理論認為，人體中有七個能量中樞，分別為頭頂、眉間、喉頭、胸口中央、肚臍附近、下腹部和尾骨，總稱為脈輪。
4. 這裡所講的是脈輪，以及昆達里尼（覺性）經過脈輪時的經驗。
5. 「夏克提」是印度希瓦密教哲學（Shaivism）的用語，代表陰性，是覺性之源、力量之源。
6. 原文為Ahimsa，是《瑜伽經》八肢瑜伽的行門第一肢中，首先要遵行的。

CHAPTER
01

告別負面思維，重獲澄澈的內在

釋迦牟尼的領悟

每個人都希望能夠擺脫身心的束縛，活得自在。

想要解開一條打了很多死結的繩子，必須知道它原本是怎麼打結的，才能很快地解開來，而不會越扯越緊，或是在結上加結。同樣的，如果能瞭解是什麼在綁住自己、又是如何綁住的，就比較容易擺脫束縛，並避免其他拘束上身。

日常生活中，我們不斷給自己的心打上結，卻從來不清楚它是在什麼時候、怎麼打結的。譬如，我們意識到自己有某種不好的習慣，就會想：「我沒有辦法掙脫這個習慣，我就是這種人，有些事就是做不來。」一有這種想法，就自然生出氣餒的感覺，進而讓那個習慣在心中更加根深柢固，於是你又給自己打了一個「氣餒」的心結。正是因為如此，心才會受到拘束。

人們總希望能夠擺脫生活中的某種狀況、習慣、環境，挪開擋在前面的障礙，但是卻解脫不了，因為心中已經打了滿滿的死結。

我們習慣為自己辯護，每當事情沒做好，遭遇失敗，乃至於活得不自在，都有正當的理由，都是別人的錯，都是外力的影響。我們卻不明白，當初正是自己作繭自縛。

印度詩人泰戈爾（Rabindranath Tagore）有一首詩寫道：

「囚犯，告訴我，是誰把你綁起來的？」

「是我的主人。」囚犯回答。

「我以為自己能夠贏盡世間的財富和權位。本當屬於主人的錢，我卻把它堆在自己的財庫裡。睡意襲來，我躺到主人的床上，醒來時卻發現成了自己財庫中的囚犯。」

「囚犯，告訴我，這條掙不開的鏈條是誰打造的？」

「是我，」囚犯回答道：「是我精心打造的鏈條。我以為自己有無窮的力量，可以擄獲整個世界，過著自在的日子。所以我日以繼夜地打造鏈條，熊熊烈火、千錘百鍊。就在鏈條鑄成、緊密銜接之際，我發現自己反而被它鎖住了。」

人都被心結所束縛，而且正是自己跳進陷阱裡的。這陷阱是如此細微，又如此險惡，人往往進入其中而不自覺。它起初只是一個念頭，念頭成為語言，語言又發展為行動。然後，人再加諸更多的念頭、語言、行動。人自己把所有的甜瓜拔了，種下苦澀的葫蘆，還埋怨菜園裡種的蔬果都不甜。**我們要認清楚，狹隘的心胸、片面的觀點、負面的思考、否定的態度，這些都是陷阱。**

心念受到的局限有很多種類，例如時間、空間是局限，地域、國籍、宗教、政治主張、文化、語言等等也都是局限。最主要的局限是人自身的經驗，而人卻偏偏凡事以自己的經驗為準。常常聽別人說：「我的種種經歷造成了這種個性。」「我做不好是因為沒有經歷過某些事。」「我童年時受過父親的虐待，所以現在會體罰自己的兒女。」這些理由都是不成立的。

佛陀釋迦牟尼年輕時也遭受到極大的心理震撼，可是他不會被這些經驗所限制，反而得到啟發，最終成佛。下面讓我們看看他的事蹟。

佛陀出身帝王之家，他的母親在旅途中、野外的一棵大樹下生下了他。順便一提，我的上師說過，佛陀一生都和樹有緣，他生於樹下，在樹下開悟，最終在樹下涅槃。

他誕生後不久，有七位聖賢來到宮中，預言這嬰孩將來要不是成為統治世界的大帝，就是成為開悟的聖人。佛陀的父親當然希望兒子成為大帝，而不是托缽乞食的僧人，所以就下令不准佛陀接觸形而上的哲學，以及人世間任何醜陋、悲苦的事情。於是，王子在保護嚴密的深宮中長大，所見所聞都是最美好的事物。

年輕的悉達多太子，這位未來的佛陀，精進各種文武學問，而且一學就通，讓老師們訝異不已。這是因為他有真正的大智慧，人間的知識學問對他來講都是雕蟲小技而已。

你不要把這當成神話，這完全是可能的。有大智慧的人懂得怎樣去用心，讓所有面臨的問題都能迎刃而解。用心是一切學問中的根本，有天生智慧又會用心的人，學習任何知識都能快上十倍。可惜大多數人都沒有學過怎麼去使用心，現在所有的學校也不教學生如何用心。這種學院型的教育方式只會限制人，讓視野變得狹隘。

悉達多太子逐漸年長，他的父王覺得該讓全國人民瞻仰這位儲君的風采了。為了不讓太子受到人間疾苦的刺激，國王下令凡是太子出巡所經過的地方，一律不許出現任何不潔淨、惹人不快的事物。出巡當天，太子一行乘著大象，隊伍前面有樂師奏樂，沿路兩旁有婦女們在露臺上散花，所到之處都布置得美侖美奐。

悉達多太子此前從未出宮，對外面的世界十分好奇，他聚精會神地觀賞著眼前的一切景象，忽然在遠處的人群中看到了從未見過的情形。

「那個人怎麼一直躺在地上？他為什麼不起來？」悉達多問身邊的侍從。

「沒事，太子殿下，您不用理會。」侍從答道。

悉達多一再逼問。

侍從只好說：「那個人大概是生病了，所以不能站起來。」

「什麼是生病？」

「噢，是……是身體有什麼地方不對勁。」

「為什麼那個人會生病？」

「噢，每個人都會生病的。」

「每個人，那我也會生病嗎？」

「是的，殿下，您也會生病的。」

第一次目睹生病這件事讓悉達多震驚不已，他回到宮中之後就開始思索，為什麼人會得病。

根據佛教的說法，這種巧遇是冥冥中為了讓他開悟而安排的。悉達多其後又出巡三次，第二次見到一個老態龍鍾的人，因此開始傷感自己也會變老；第三次看見遠處有一群人抬著一個一動也不動的人，追問之下才知道是送葬的隊伍抬著屍體去火葬，這讓他領悟到人生不能逃脫死亡。

第四次出巡時，悉達多太子見到一個奇怪的行人，身穿橘色袍子，臉上洋溢著安詳和滿足的光彩，有若陽光般和煦，沒有一絲憂愁失落的陰影。他問了身邊的侍從，才知道那是一位出家的僧人。

悉達多覺得很奇怪，前三次出巡的所見所聞讓他感慨人生免不了變老、生病、死亡，這世界是何等的苦！可是，居然有人能夠如此從容安詳，流露出發自內心的喜悅之色。為什麼？為什麼？他決心找到答案。

於是，一天夜裡，他趁著眾人熟睡之際，叫了一名馬夫陪他私自出宮，離開了他的父王、妻子和年幼的兒子。不久，他要馬夫回去告訴家人，將來有一天他會再回去的。

悉達多出宮後歷經多年苦修，某天夜裡坐在一棵菩提樹下入定，經過四十九個晝夜，終於開悟。你知道他張開眼睛後說的第一句話是什麼嗎？

他說：「啊！我明白是誰在造屋子，他將永遠不會再替我造屋子了。」

他悟道了，成為佛陀，斬斷了一切繫縛，鬆開了所有的結，心開意解，永離疑情，業力消逝，見到本來。

你就活在那間屋子裡。輪迴的意思就是你會一直回來，每次換一間不同形狀的屋子，直到你不再需要屋子為止。這是佛陀說的那句話的意義。

佛陀悟道以後，開始四方弘法，聲名遠播，弟子越來越多。

有一天，他決定返回家鄉。消息很快就傳到了宮中，他的父王和兒子聽了都非常高興，便讓人將整座皇城裝飾得煥然一新，在街道上撒滿鮮花，以迎接太子的到來。

可是佛陀和他的弟子沒有進城，而是在城外的一間寺廟內落腳，因為僧人除非為了托缽乞食是不進城的。

第二天，佛陀的父王接到稟報：「陛下，太子已經一早進到城裡，沿街挨家挨戶向城中居民乞食，人家給什麼他都接受。他一天只進城一次，缽裝滿就出城了。」

「什麼！王位的繼承人居然在外面向臣民乞討！這真是有辱王室！」國王立即派人送口信給佛陀：「我們衷心歡迎你回到自己的國土，可是你為什麼要在城中向臣民乞討？你忘了本，也讓家族蒙羞！」

佛陀的回信是：「父親大人，我沒有忘本。我的根本是過去一切諸佛的道，我走的是這條路。」之後，佛陀也帶領自己的兒子出家，走上了同一條道途。

這條道途叫做解脫之道，是得自由之道。得自由就是掙脫了一切束縛，但不是說可以為所欲為。所謂解脫之道，即是開擴自己的心量、讓人領悟到內在神性的修行之路。

大家可能會問，神性是什麼模樣的？所有的哲學家、宗教人士、聖人、開悟者，不分門戶派別、不分古今，對於神性的理解都是一致的，它就是那無所不在（**omnipresent**）、無所不覺（**omniscient**）、恆久永存、無所不愛、無所不慈的。

你能夠不局限於只愛那些愛你的人，而無所不愛嗎？能夠不局限於只對親人或善待你的人慈悲嗎？能懷有大慈悲心，對無盡眾生所遭受的苦痛都感同身受嗎？就在此刻，有多少生命在為了生存而掙扎、淌血、挨餓？有多少人正在遭受痲瘋病的苦痛？有多少生物正被別的生物恣意踩踏在腳下？有多少人、有多少各型各類的生命，正被其永不得滿足的欲望之火所煎熬？

你有勇氣去無所不慈地擔當一切眾生的苦痛嗎？假如有這個勇氣的話，你會怎麼做？有些人常會為眾生遭受的痛苦而悲泣。但是你為什麼不笑？**笑！笑吧！要有無比的喜心，讓欣喜像漣漪般一波接一波地散發出去，安撫、充實每一顆受盡苦痛折磨的心，讓一切眾生感受到喜樂。這才是真慈悲。**不要光坐在那兒為眾生的苦痛而泣，那是軟弱的表現。要把歡笑散播出去！

如果只是住在屋中，觀念自然受到屋子的拘束。屬於某一群體，觀念自然受到這個群體的拘束。我們應該放下、放開、解放自己的觀念。笑吧！

擺脫消極的負面思維模式

在今天的社會裡，我們的知識、情緒、感覺、性格、溝通方式、對事情的態度、各種法令制度等等，好像都越來越僵化，越來越頑固。舉個最簡單的例子，我常常觀察周圍的人是怎麼活動的，並注意到他們的動作完全不流暢，身體各個部分都很僵硬，好像內在有什麼東西被撕開來了。他們似乎是在同時做出攻擊和逃跑兩種截然不同的反應。內心的一面在說「可以」，另一面又在說「不可以」。可憐的身體收到相反的兩個指令，卻又必須同時服從。結果要動又不動，動起來就像是在抽搐。你留心一下自己和旁人的動作，有沒有這個現象？

一般人的身體僵化，卻又不能保持靜止，這兩者是有區別的；不先解決僵化的問題，就不可能做到靜止。學會了靜止的人，身體動作自然會變得流暢。時下很多舞蹈表演，舞者的身體是僵化的，動作連貫但完全不流暢，只是從一個姿勢突然變成另一個姿勢。

又例如很多人不敢講話，卻又有話非講不可，所以說話就容易結巴，或者斷斷續續的。他們講話時心神不寧，心口不一，你有注意到這種情形嗎？自己有這種情形嗎？可以想見，他們內部的器官和各種生理系統，一定也是處在撕裂的狀態中。如果身心長期存在這種分裂的情形，就會產生許多問題。

為什麼人常常會想做什麼事卻做不到？因為人總是不停地製造衝突和混亂，意志力就被抵消了。如果一個人沒有選定自己的目標，就會變得僵化並造成衝突。我也經歷過這種衝突和掙扎，會把不如意的事怪到別人身上。後來遇到上師，他知道我有這個問題。

有一次，他對我說：「我一直在幫你，可是你卻總是排斥。」

我吃驚地問他：「我怎麼會排斥？」

他說：「你自己去想一想。」

（我和上師之間的關係非常妙，我永遠都在琢磨他每句話、每個行為背後的意義。）

選定目標不同於形成成見。成見是僵化了的思維，我們牢牢守著自己的成見不放，變成了一種根深柢固的習慣，以至於跳不出觀念的桎梏。個人如此，團體如此，社會、國家都是如此。

世界上所有國家的國民，普遍的心態是不關心他國的情形。不久前，我聽到一位美國內閣成員公開講：「約旦位於敘利亞和伊朗兩國之間。」這位參與制定重大國策的官員，只要稍微看一下地圖就知道，約旦根本不和伊朗接壤。不只是美國，前一陣子印度有支探測隊抵達了南極洲，印度報紙的頭條新聞是「印度團抵達南極頂點」。報導新聞的人居然不知道南極洲和南極頂點有什麼區別！為國家制定政策、為大眾報導新聞的人尚且欠缺基本常識，難怪大家都有鎖國自閉的心態。

如果一個人心態僵硬，觀念閉鎖，常常說：「這就是我一貫辦事的風格。」那麼身體自然會受到影響，走路的樣子都會變得僵硬，好像所有的重量都落在腳上，使得體內能量只能往下聚集，而不會向上流通。

有的人可能想過要改變，可是又做不到，總覺得有什麼障礙「阻擋」了自己，但又說不出究竟是什麼障礙。

朋友，那個障礙就是我們自己。但實際上，世界上沒有人做不到的事！拿破崙說過，只有愚人的字典中才有「不可能」這個詞。成功的祕訣在於要深刻瞭解自我，養成自我觀察的習慣。當然，這並不容易，因為人的心態是僵化的，往往認為事情非黑即白，沒有智慧來調和及融合對立的觀點。

舉例來說，要產生電流必須有正負電，磁鐵也是同時有南北極，我們的心態卻是非此即彼，彼此不能共容。磁鐵的南北極雖然相斥，但是不能相離，其實是互補共存的。我們沒辦法在磁鐵上劃條線來區分南北極。如果把一塊磁體切成兩塊，結果會如何呢？難道其中一塊只有南極，另一塊只有北極？不可能的。每一塊又立刻形成了各自的南北極，這就是自然規律。自然的本質不是僵化，而是變異、流通。

可是人卻反其道而行，不願意融通，不能夠接受不同的觀點，只用自己習慣的思維模式來看所有的事。現代人有機會周遊世界、行萬里路，卻完全學不到開闊，因為他們是帶著成見上路，用自己的文化觀點來看別的社會。

例如，有些西方人士前往印度，走在擁擠的市集中，看見牛在街上走動，於是就得出結論：印度有很多人吃不飽，是因為他們不肯吃牛肉！前不久，美國德州有一位熱衷慈善事業的富人，讀到印度有些地方在鬧饑荒的新聞，當即決定伸出援手，捐出了大量熱狗，還雇了冷凍船把它們運到印度來！這的確是出於慈悲的行為，但是他僵化的思維反而把好事變成了無知的鬧劇。

有一次，我在加拿大旅行，從加格利（Calgary）搭乘火車去溫哥華。我最喜歡坐火車，這也是最適合觀賞沿路洛磯山脈風景的旅行方式。火車上，有幾位同車廂的英國遊客也對我發表高見：「如果你們印度人肯吃牛肉的話，就不會有人挨餓了。」我真不明白，狄更斯（Charles Dickens）小說中所描寫的當時英國社會的饑饉現象是如何發生的？他們這個民族可是吃牛肉的，不是嗎？

我在印度的街上看見牛隻，就會覺得很開心。那位德州的富豪、那幾位火車上的旅客，他們的觀念是：「我們吃牛肉，我們的街道乾乾淨淨，交通秩序井然，這才是正確的社會。任何與此不同的生活方式都是不正確的。」為什麼他們就不能夠跳出自己的思維窠臼，從不同的角度看世界呢？

對我而言，街道上有牛隻在閒蕩，代表的是另一種價值觀，意味著人類和其他生物能在地球上和諧共處。而且人和車停下來讓路給牛的時刻，可以幫助人培養耐性，讓內心在當下保持平靜，有何不好？

當然，這並不是說人就不能有自己的立場。只是，追求心靈成長、尋求解脫的人，都要掙脫僵化的束縛，還要懂得出離內在，客觀看待自己採取的立場。然而，大多數人都會替自己的行為找藉口，無法走出一貫的行為和心理模式。

不論是個人、團體還是國家，都應該要有胸襟、雅量、勇氣，去突破已經僵硬了的模式，改變習以為常的行為。而且，不論是國家的政策還是社團的集體行為，都反映了國民或其成員的心態。大家下次要批評時政，或對任何事情有不滿情緒時，請記住應該負責任的是自己。

我們在做出改變時也應小心，不要剛走出一個陷阱，又踏入另一個。好不容易鼓起勇氣改變自己的行為模式，然後新的行為形成了新模式，又走向了另一個僵化的極端。

突破僵化的模式需要很大的勇氣。首先要有自知之明，能看出存在著問題，而且問題在於自己絆住了自己，以致無法進步。很多時候我們是在自我否定，不讓自己進步，可是卻不肯面對，甚至根本不知道存在這種情況。我們要找出自身的問題，因為那是失敗的原因所在。應該反求諸己，不應事事怨天尤人。

有時候我們會意識到問題出在自己身上，但又馬上自我開脫：「我就是這種個性，還能怎麼辦呢？」我們能怎麼辦？答案很簡單：勇氣加信心。要相信自己能擺脫慣性，也要有勇氣去擺脫慣性，然後努力付諸行動。不妨試試看，去做一些原本自認為辦不到的事。

你會很意外地發現，原來並不是真的辦不到。

以前我曾說過，上師常常指派我去做一些在我看來完全違反自己個性的事。我心想：「我永遠也做不到。」但另一方面也意識到如果不去做就不會進步。一般人會認為那是老師在考驗我。其實不是考驗，而是訓練。老師吩咐你去做什麼事，是在訓練你去克服自我。他會一而再、再而三地讓你去做，直到你真正學會為止。

基督教《聖經》中有很多這樣的句子：

「那得勝又遵守我命令到底的，我要賜給他權柄制伏列國。」（《啟示錄》2:26）

「凡得勝的必這樣穿白衣。」（《啟示錄》3:5）

「得勝的，我要叫他在我神殿中作柱子，他也必不再從那裡出去。」（《啟示錄》3:12）

「得勝的，我要賜他在我寶座上與我同坐，就如我得了勝，在我父的寶座上與他同坐一般。」（《啟示錄》3:21）

誰是這得勝者？誰是這征服者？在印度，我們用一個詞來稱呼真正的大師，就是Jina（耆那）①，意思是能勝者、大圓滿者。

要想想有什麼事是自己排斥去做，甚至會產生這種心理的：「這完全違反我的個性，我做不到。雖然做到了會有極大的好處，讓人更滿足、更成功，但我就是沒有勇氣去做。」一旦你認出自己對哪些事有上述的心理抗拒感，接下來就要生起信心，跳出負面思維的限制，鼓起勇氣去做它；絕不半途放棄，一定要做到成功為止。

你可能會問：「我怎麼知道自己會成功呢？」答案是，你肯定知道，不要懷疑，不要抵消自己的意志，不要再設下障礙，讓負面思考、懷疑、焦慮擋住自己。

「唉，真不知道那個決定對不對，怎麼還不見成效？」「究竟什麼時候才會成功呢？看樣子是不成了。」如果一直說不成了、不成了，久而久之就自然不成了。

試試看對自己說：「我不能呼吸了、不能呼吸了……」你的呼吸肯定會變得急促。又如果一直說：「我吃東西不消化、不消化……」三個月後消化系統就會出毛病。為什麼要給自己這種暗示？因為你已經養成習慣，它就成了阻擋、牽制你的障礙。具體表現就是猶豫不決、總是拿不定主意。

要做出抉擇，選擇自由，從束縛中解放出來。這樣一來，哪怕自幼體弱多病，你終有一天也可以在運動比賽中奪標。**人內在的心靈和意志原本是絕對健康的，習氣卻是它的殺手。沉溺於自己的習氣之中，無異於謀殺心靈和意志。**

我們的心靈本來是健康的，即使精神失常的人也一樣。你可以去精神病院參觀，裡面的病人吃飯時一定會把食物放到嘴裡。斯瓦米拉瑪說過，即使是精神嚴重失常的人，也不會把食物放進耳朵裡，不會把五官的作用混淆了。

同樣的，**即使你處在最心慌意亂的時刻，內在也依然有一個絕對冷靜清醒的自我。在最疲乏困倦的時刻，也依然有一個安逸超然的自我存在。**任何不健康的人的內在，都有一個絕對健康、從不生病的自我。你的目標是找到那個「自我」，不要讓外在的情況和環境影響自己。要下決心，用意志讓內在的「自我」體現到表面上。

解放自己、掙脫束縛的第一步行動是做決定、下決心：我靠自己就行，我能做到，我現在就開始做。

從那一刻開始，你的心態和行為不再受制於舊的習性。立刻開始，不再找藉口，不再蹉跎，不再等明天，不用找誰商量。在下決心之際就開始，即使自以為還沒有完全準備好，仍然要立即開始，用實際行為來改變心理習慣。要堅定！

假如你還沒有足夠的勇氣做出改變，也可以觀想自己是在用脊柱呼吸，然後去做。倘若沒有勇氣說出口，就把心念集中在心腹之間，把話從那裡講出來。不要畏畏縮縮、猶猶豫豫、吞吞吐吐，「嗯，呃，那麼，怎麼說，我的意思是……」是誰掐住了你的脖子？為什麼說不出來？

你要留心觀察自己：我是這樣嗎？為什麼會這樣？是什麼讓我拿不定主意？我要做的事有沒有違背良知？假如沒有，就全力以赴吧。但是內心要保持靜定。只要心能定，做什麼事都會成功。甩開焦慮，不要擔心，把心靜下來，只管去做吧。

我的經驗是，只要心定下來，往往事情就水到渠成。很多時候我還沒開口，別人已經知道該怎麼做，並且能順利完成。因為我很清楚什麼事是該做的，心念堅定，身邊的人就會自動自發地去做。

要克服焦慮就得多多練習，但同樣需要先靜心。你可以透過練習放鬆心腹，即心窩和肚臍之間的部位，讓心漸漸平靜、安定。**放鬆的重點不在於頭部，而是心腹部位的肌肉、神經。**此外，應先要有放鬆的意念，然後開始放鬆心腹部位，呼吸才能深長而流暢，心才能靜下來，這時焦慮自然會消失，意志也得以貫徹。如果能做到這個地步，那麼即使你是國王，也可以毫不猶豫地捐出自己的帝國而無悔了。

事實上，這種事真的發生過。十七世紀時，印度有一位武士出身的國王，採用游擊戰術戰勝了當時統治印度的回教帝國，建立起自己的王朝。他功成名就後，要把整個國家捐出來，送給他的心靈上師，因為是上師讓他去建國的。

上師是出家人，什麼都捨了，怎麼會接受一個國家呢？於是，睿智的他對國王說：「好的，我接受，但是我要你來替我打理國事。」

如果換做是你，會願意把自己一手建立的王國送出去嗎？其實能捐出多大的財富不是問題所在，問題在於我們能不能看清是什麼在阻礙自己。你的心念是否清明，能否掃除籠罩心靈的雲霧？如果能，儘管放手去做想做的事吧。因為內心沒有疑惑的話，就一定會成功。否則就會有壓力，也會把壓力帶給周圍的人。你說話的音調會因此變得高亢而尖銳，並夾雜著焦慮感。而如果你既焦慮又沒有把握，就不會得到別人的認同。

我們應該靜下心來，放鬆心腹部位。在這樣的狀態下發言，才能讓旁人也靜下來留心地聽。大家不論是與人面對面交談，還是對著一群人演講，都應該記住這項技巧。如果覺得別人並不專心聽，就該檢查自己的心態是否正確。只要能夠轉變自己的心態，就能成功。所謂成功的真正關鍵，並不在於最終得到了什麼，而是在於能否轉變心態。

印度有一句很古老的梵文格言，大意是說掘井人挖掘的過程很辛苦，常常泥土滿身、口渴難忍，但是當他挖到深處、掘出井水後，就可以洗去身上的泥，還能喝到清甜的水。

人生中有許多事情和掘井非常相似。那些經歷可能讓人精疲力竭、渾身沾滿汙泥，但如果能堅持到底，掘到深處自會見到甘泉，可以滋潤疲憊的身心、洗去身上的塵埃。可是倘若半途放棄，便不會得到水，而只能帶著一身汙泥離開。

很多人習慣了在遇到困難的局面時選擇放棄，他們不願意面對、無法堅持下去，結果當然是一無所獲。當然，即使是毅力堅強的人也會有半途而退的時候，不同之處是他能看出自己走錯了方向，在審慎評估情況後重新做出決定，而不是因為沒有耐心、軟弱、恐懼、焦慮而打退堂鼓。但我的意思不是說一旦開始掘井就不能夠退出，因為我們挖掘的也可能是一口乾井。只是須記住，絕不要因為自己軟弱而選擇退出。

認識情緒

人類生命是物質和心靈的結合，我們卻常常不讓心靈的作用發揮出來，這就是「障礙」，是人的弱點，有時它就是表現為藏在內心深處的欲望或情緒。它靜靜地躲藏著，等著被某種外界的刺激所激發。不要以為自己已經克服了所有的弱點和欲望，它可能只是躲起來了。

譬如說，外界的種種煩惱讓某人焦躁不堪，於是他決定把自己鎖在屋中，閉關七天。他第一天還覺得情緒如潮般翻騰，第二天開始感到有點無聊，第三天繼續逃避，第四天、第五天大睡一場，第六天開始讀些漫畫書、偵探小說之類的聊以消遣，第七天感覺心平氣和，已經沒有躁鬱感了。至此，他覺得自己已經克服了憤怒，能夠掌控情緒，像個閉關修行的聖人一樣心如止水了。可是，他一回到現實世界，聽了別人的什麼話，被刺激到內心最敏感的地方，可能馬上就會暴跳如雷。而他會認為這都是別人的錯，否則為什麼閉關七天當中自己不會動怒？其實不是的。所有的焦躁、憤怒情緒都還躲在他的心裡，只不過在等適當的時機爆發而已。

若要對付這些深藏的障礙，我們需要時時自我觀照，不斷精進，用善的心念和行為來對治，方能將之消除。用關愛他人來對治自己的躁鬱，用慈心對治瞋念，在害怕時採取果敢的行動，貪婪時就去布施，這都是好辦法。時日一久，障礙就慢慢被削弱，終於發不出力量來，負面情緒便不會再生起。

我們需要勤加修練這道功夫，才能體驗到其中的妙境。此後，就算有人怒氣衝衝地當面辱罵自己，也不會再被輕易觸怒。而我們的平靜反應反而會讓辱罵者折服，最終平和地離去。

有些情緒只是暫時被抑制，但實際上還存在我們心中，只要遇到外在的刺激或誘因就會立即爆發。例如，當某位男士愛上一位女士時，他的內心充滿了熱戀的情感，因此感覺不到仇恨，但這並不意味著仇恨就不存在了。如果有另一位男士一直望著他所愛的女士，或者這位女士輕蔑地拋棄了他，他會怎麼反應呢？

大家一定要察覺那些隱藏起來的情緒，尤其是具有破壞性、會帶來不良後果、製造障礙與牽絆的情緒，要察覺它們的存在。即使是倘佯於正面情緒之中的時候，也要能察覺到負面情緒的存在，學會怎樣轉換它們。

別低估了這些隱藏在內心深處的情緒，它們擁有強大的能量。能有五分鐘的平靜，並不代表我們就已經修行有成，若是五年都能如此平和，那應該就可以這麼說了。

簡言之，我們挖掘自己內在的那口井時，一定要有恆心和毅力，才能挖到水。

每個人都有一張動物臉孔

下面說一個耍猴戲的故事。

印度神話中有個人物叫做納拉達（Narada），是位吟遊詩人、聖者。他發明了音樂，一輩子抱著弦琴，在天界和人世之間巡迴遊唱，為眾人講述他在各地的所見所聞。但是這樣的人也遭遇過極其難堪之事。

有一次，納拉達遇見了另一位聖者帕瓦塔（Parvata），他們兩人是歷經多次宇宙循環的好友，一同見證了世界的生滅，深深瞭解無常的道理，自以為能見色而不動心。

某日，兩人一起來到人間，聽說此地有位絕色公主，令眾生都為之傾倒。他們想看看她究竟有多美，就來到公主所在的皇城。國王聽說兩位聖人駕臨，立即用最高禮數接待他們，也讓家人出來一一頂禮祈福，公主當然也在其中。兩位聖人一見到年輕的公主，馬上動了凡心，什麼無常、修持全都忘了。

帕瓦塔把國王拉到一邊，低聲對他耳語：「噓，不要讓我的朋友納拉達聽到，我想娶你的千金為妻。你知道我可以上達天聽，自由出入天界，帶公主遍遊宇宙，她跟著我一定會幸福的。所以，請將你女兒的手牽給我吧。」

國王簡直不敢相信，這位來自天界、見證了宇宙興衰盛竭的聖人，居然會提出如此的要求，但是他又不敢斷然拒絕，就說：「讓我考慮一下。」

國王走回到大廳，納拉達立即迎上來，也把他拉到一角，說出同樣的要求。國王也同樣回答說他要考慮考慮。

最後，國王決定用公開招親的方式把公主嫁出去。根據傳統，參加招親儀式的求親者會騎在象背上，帶著大批隨從和貴重禮品，威風凜凜地進入皇城，展示自己的財富和容貌。招親當日，各地的求親者要站在公主的面前，由公主自己選擇。公主看中了誰，就將花環套在他的頸上。

納拉達和帕瓦塔知道了公開招親的事，連忙各自回到天上去見神主毗濕奴（Vishnu）。納拉達對神說：「主啊，千古以來我用音樂在宇宙間歌頌您的光耀，表達對您的景仰崇拜。我從來沒有向您求過什麼東西，就這一次向您祈求。」

「噢，你求什麼？」神主毗濕奴問。

「我希望能贏取人間那位公主的歡心。那些凡間的求親者都不是我的對手，唯一能挑戰我的只有帕瓦塔。我求您一件事，請您在招親的當天，把帕瓦塔的臉變成猴子的臉，但是不要讓他知道。」納拉達說道。

「好，就如你所請。」神主毗濕奴說。

後來，帕瓦塔來到毗濕奴的跟前，也求同一件事，毗濕奴也答應了他。

納拉達和帕瓦塔從天上回到人間，像吃了定心丸，都非常篤定。到了招親當天，納拉達和帕瓦塔一見到對方的猴子臉孔，心中都暗自得意，自以為贏定了。結果，他們倆當然都沒有被公主看上。

事後，兩人回到毗濕奴的跟前問：「主啊，這是怎麼回事？」

「我完全照你的要求做了。」毗濕奴說。

「那為什麼我沒有贏？」

「你自己照一下鏡子就明白了。」

我們每個人心中都藏著一張猴子面孔，即使聖人也不例外。它三不五時就會露出來，讓我們成為耍猴戲的。這不見得是壞事，毗濕奴故意讓納拉達和帕瓦塔耍猴戲，所以他們終究沒有墮落。如果我們內在的動物臉孔被藏得好好的，反而容易墮落。但是如果它露了出來，我們就應該謝天謝地，因為這樣就可以看到自己的醜陋面孔，免於墮入陷阱。我這一輩子也曾耍過猴戲，所以知道這是真的。

許多人都不知道自己的心底藏著什麼。這就好比自己家裡有一張漂亮的地毯，但是地毯底下可能藏著蠍子、蜘蛛、蜈蚣。所以我們清理地毯時不能光顧表面，還要清理毯子的底層。人要時時警覺心底潛伏的障礙，小心自己的猴子臉、鱷魚臉、象臉隨時會現形，從底下冒到表層來。當然，即使猴子臉露出來了，只要能察覺，就有機會把它洗掉，因為人都有神性的一面，對此我們絕對不可忘記。生而為人，從來都是腳踏實地、頭頂藍天，沒有誰是頭跟腳都埋在地下的。

同樣的，我們每個人都同時有一張動物性和神性的面孔，動物性的那一面就是障礙，會阻礙、絆住自己。讓神性的那一面得勝就是掃除障礙，走向自在解脫之路。

放下過去，創造未來

很多人總喜歡把過去遭受的痛苦藏在胸前的口袋中，獨處時就掏出來仔細端詳、自憐自艾一番。可是，既然事情已經發生、不能改變，為什麼要抱著痛苦的記憶不放，把它當成紀念品似的掛在心上？為什麼要如此折騰自己呢？如果你仍然在為過去的不幸遭遇而悲傷，那麼解藥只有一種：把目光轉向未來。

在印度，當至親的人去世，我們就採用這種特別的方法對治哀痛。在喪禮過後，遺體火葬完畢，死者的親朋會背向火葬的方向，將一個盛滿水的大瓶子砸在地上，然後頭也不回地往前走。也有一種做法是，在離開火葬場的路上拾起一段樹枝或一葉草，將它折斷並丟下，然後走開、不再回頭。這象徵的意義是告別哀痛、讓生命進入新的一頁。人們藉此告訴自己：過去了，放下，已了結，不再，不要糾纏在過去的思緒中，要放眼將來，只有將來是自己能夠改變和創造的。

每個人的內在都有一種自我創造、自我進化的意志。達爾文的物種進化論在科學界並非沒有爭議。多年以來，主張進化論的科學家致力於研究物種進化過程的不連貫現象，想找到那失落的一環。可是，晚近古生物學的許多研究和證據顯示，所謂失落的一環可能並不存在。新的理論認為進化是以跳躍的方式發生的，有些物種存續了很長的時間後可能突然滅絕，在百萬年中又會有新的物種忽然出現。也就是說，物種的演變過程不一定是緩慢漸進的。

總之，物種究竟是怎麼進化的，科學界仍沒有定論。但對於信仰《聖經》、《薄伽梵歌》（*Bhagavad Gita*）、《可蘭經》的人而言，他們相信的是創造論，會說：「答案很簡單，是神創造了新的物種，是神做的決定。」

也有某些人能做到一隻腳站在科學世界，另一隻腳站在哲學世界，因此看待這種現象的觀點就有所不同。愛因斯坦就是這樣的人。他說自己進行思考時，總是設想如果是神會怎麼做。他思考的方式是：「讓我試著從神的角度來看這件事。」

如果我們能夠放大自己的心量，看世界的方式就會有所不同，不會只從一己的角度，而會開始以更高遠的觀點來看清世界。當然，人還要突破許多關卡和障礙，才能達到這種境界，接觸到那無所不在的神性。

神永遠在我們之中，永遠在所有的生命中，永遠在一切意念覺性之中。神有意志，那就是一切生物的意志。**每個人的生命中都有一滴宇宙的生命原能，也都有不同程度的覺知與覺性。**只要有生命的原能存在，就必然有想要進化、改變、過得比現況更好的意志。即使恐龍都有自我改進的意志，人類當然不例外。那麼究竟是什麼在絆住我們？

人的內在有一股自我創造的意志，讓這股力量激發出來吧！不要指望或依賴別人來幫助自己。

我們永遠處在變化之中，不停地在演化。我們在改變，但常常沒有立定方向、設定途徑，沒有找到自己的中心點，也不夠專一。所以當改變已經發生時，我們卻仍然在緬懷過去。每個人都有選擇的自由，你是選擇讓自己繼續陷在過去傷痛的泥沼中，還是選擇從苦惱中汲取教訓？

應該讓過去成為推動自己積極向前的動力，而不是牽扯拖絆的阻力。

什麼是神通

很多人喜歡談論神通，覺得很稀奇。但瑜伽大師會說，所謂的神通一點也不稀奇，每個人都有。是的，不用懷疑，你也有。每個人都有能召來神通的力量，而且其能力不輸於一切歷史上記載過的先知、聖人。也許你會說：「噢，神通可能確有其事，但是只在古時候，在聖保羅、聖彼得的時代才有。像中世紀的聖方濟（St. Francis of Assisi）馴服野狼的這種事蹟，二十世紀不會再有了。何況現在野狼都快絕種了，上哪兒去找野狼來練習？」

朋友，不幸的是，野狼還不至於絕種，它們還活在人的心中。除非你能先馴服內在的狼，否則便無法馴服野外的狼。哪一天人馴服了自己內在的狼，那麼全世界所有的狼都會自動被馴服，而無需人再花費心力。聖方濟的真正神通，不在於馴服野狼，大家卻只看到這個奇蹟。

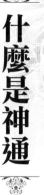

請想想，聖方濟想要打動誰？是那些住在阿西西（Assisi）的村民嗎？他這麼做的目的何在？難道他已經預見八百年後會有絡繹不絕的人潮來阿西西參觀，使當地的旅遊業興盛起來嗎？難道他是想打動耶穌基督？不是的，他所做的只有一件事，就是馴服自己內在的狼，因而野外的狼也自動被馴服。他走在荒野中，狼群都會跟著他，去舔他的腳。

瑜伽大師認為這種能力不算奇蹟，人皆有之，只是大多數人並不自知。不過，即使我們能自由操控這種力量，也只能用於助人或者治病，不可用來做其他事。而且要保守祕密，不可示人。

可是，這種能力是怎麼來的？它是在我們打通了心中的某種障礙，清除了某種阻力之後，自然顯現出來的。打個比方，農夫要灌溉田地的時候，不用把水挑到田裡，只須打開水道的閘門，把用來阻擋的東西移開，水就自然流進田中。如果你想要充分發揮自己的潛能，不用去找什麼神通、修練什麼神力，只要把那阻擋它的障礙移開就對了。

什麼是奇蹟？每件事都是奇蹟，但也可以說沒有任何事是奇蹟。簡單如陽光照射、水能降溫、眼睛可見光明等，都是奇蹟。某個物種忽然進化，在短短幾代間就變得更加優越，也是奇蹟。但是也沒有什麼事是真正的奇蹟。因為神性之力就在你我的身內，我們可以用意志力把它叫喚出來。放開自我，讓神的能量來推動你吧！

放開眼界，擴張心量

所謂心靈的進化，是把眼界提升到神的境地、天使的境地，讓整個世界都呈現在自己的視野裡。但很多人卻偏偏選擇從螞蟻的高度來看世界。應該包容的，偏偏要排外；應該融合的，卻選擇了分離。

我們以自己的觀點來區分生命以及世間萬物，把標籤任意貼在他人身上，譬如，每種宗教對於其他宗教的信徒和沒有宗教信仰的人，都用某種不客氣的稱謂來稱呼，以此來肯定自己的優越性。

然而，真正優越的人，不需要和他人比較，那種優越感來自於內在。我們不用站在弱小的人身旁才覺得自己強壯。如果站在矮個子身邊會讓人覺得自己高大，那麼一旦站在高個子旁邊，他就會覺得自己矮小了。請想清楚，自己到底是高還是矮呢？如果一個人對此無所適從，那麼遭遇身分感錯亂的心理問題，也就不足為奇了。

只要內在堅定，就不需要找旁人來襯托自己。只要擁有內在的神性就夠了。你就是你自己，不是高個兒，也不是矮子。有這種神性信念的人，即使外表骨瘦如柴，也會是個真正的大人物，不會懼怕肌肉結實的巨人。

梵文「馬哈特馬」（Mahatma）的意思是偉大的靈魂。印度的國父甘地被尊稱為「馬哈特馬」，他是一位非常獨特的政治人物。甘地的外表弱不禁風，被英國人譏諷為一個「裝骷髏的袋子」（a bag of bones）。當他進行絕食抗議的時候，就只剩下骷髏，連袋子都不見了。可是這個骷髏袋子般的匹夫卻能夠和邱吉爾對抗，和當時最大的帝國強權對抗。他的成功導致整個大英帝國的海外殖民地紛紛獨立。

有一次，一位訪客問他：「馬哈特馬甘地，你究竟是位聖人，還是個政治人物？你是一位『馬哈特馬』，還是政治人物？」

他回答：「假如你是一位『馬哈特馬』，自然會是政治人物。所謂聖人，就是要為人民服務，這不也是政治人物該做的事嗎？因為我在為人民服務，就算是政治人物。」

按照他的定義，聖人自然也是政治人物。可是這句話反過來卻不一定成立，因為政治人物不見得會是聖人。

內在的祕密

為什麼我們難以放開眼界？這答案會令你意外。因為我們還沒有愛上「比阿特麗斯」（Beatrice），她是義大利詩人但丁的名著《神曲》中的女主角。每個人的內在都有一位「比阿特麗斯」，她是美麗的女子，是我們內在的神聖女性。只有當內在的這位神聖女性現形，我們的視野才能夠擴張。

《地獄篇》中，但丁在地獄之旅的嚮導是「維吉爾」（Virgil）；在《天堂篇》中，但丁的嚮導是「比阿特麗斯」。你知道這象徵什麼意義嗎？明白了「女性」所代表的意義，瞭解了「比阿特麗斯」，理解了「陰」，你的視野就會擴張。

神主婆羅門②的兒女都是天神（Deva）。這些天神開始自我崇拜，認為一切榮耀和成就都屬於他們。神主覺得孩子們被沖昏頭了，就現身為一道神祕的光體。

天神們不認得這道光，感到害怕，就跑去問火神：「光和火同源，請你去探一探這道光的究竟。」

火神前去，見到了光體。

光體問：「你是誰？」

火神答：「我是火之神，可以照亮一切，也可以把一切燒成灰燼。」

光體就指著一小片乾枯的草葉：「請把它給燒了。」

火神依言而行，但是用盡一切力量都無法讓草葉燃燒，只好承認失敗。

他回去對天神們說：「我放棄！」

於是，天神們跑去向風神求助。

風神也來到光體之前，說：「我是風神，可以吹走一切。」

光體請他把那片草葉吹走。風神鼓起大風，那片草葉卻紋絲不動。風神也失敗了。

最後，天神大帝「因陀羅」（Indra）③親自出馬。但是，「因陀羅」到了光體之前，光體居然消逝了。《奧義書》的描寫是：「消逝於那空間中。」

究竟那是什麼空間？人的內在有一個叫做覺性的空間，它比外界宇宙中任何空間更深、更大、更廣。物理世界終究是有限的，可是人內在的那個覺性空間，是無限的。當我們向內探視那個空間，所有的限制就通通消融了。我們的身體、情緒、念頭，這一切我們以為是在保護自己的，其實都在限制、隔離我們。一旦進入自己內在的空間，這些界線、壁壘、外牆就溶化了。

當因陀羅內視自己覺性的空間，也就是神祕光體消逝於其中的空間，他見到一位金色的婦人。

他問：「那神祕的光體是什麼？」

金色的婦人說：「那就是神主婆羅門，是主，是神，是那神聖的。從今以後，要認清楚一切都是他的恩典，一切榮耀歸屬於祂，不要妄自尊大。」

就在那一刻，靈光一瞬，有若閃電，因陀羅徹底覺悟了。

證悟到神的那一刻，內心有如電光一閃。那種靈光閃現的情形非常美妙，難以言喻。有種比喻說，靜坐者要像天鵝，飛上天空，追尋閃電，體驗到的就是那一剎那。希望我們大家都能追到閃電。

只要能深入自己的內在，外在的束縛就會自動化解。這一點絕非幻想，也不是詩意的想像。以前我喜歡寫詩，有些朋友就恭維我是詩人。這話傳到老師的耳中，他就打電話給我：「你現在居然成了大詩人了！難道這就是我交給你辦的事嗎？」所以我以後就不敢再寫詩了。

有一次，我在某國演講時，也說了類似的一句話。我說：「這不是詩意的言語，是真實的。」

聽眾中有一位該國最著名的女詩人，站起來質問：「你說的我都同意，只有一點，難道你認為詩就不是真實的？」

我因為說法不周延，只好「投降」。

不過，這裡說到的詩的確是真實的。印度古代的大哲們寫過很多探討詩的理論。他們認為詩是神之喜樂的表白，是神之實相的展現。當你用某一樣事物去形容另一樣事物，不論採用明喻、暗喻還是別的什麼手法，這兩者之間的連結就是神性。連結兩者的，就是神性的美。

然而，僅從外表是看不到這個聯繫的。譬如詩人說，女子的粉紅雙頰有若拂曉的晨光。這兩者之間有什麼聯繫？聯繫就在於它們存在共通的某種神性。有如、好像、類似、有若……這些字詞都是一種表達方式，指出了連結兩個事物的某種神性。

神性如光芒，會展現於很多具體的事物上。我們在拂曉中看到那道光，在心愛女子的面頰上看到那道光，這兩者其實是同一道光。隨後第三道光在心中閃現，這是認知的光。心中的光認出了與它互相吸引的光，我們才會加以欣賞。

假如人的內心是黑暗的，便永遠不會在女子的粉頰上看到那道光，也不會在拂曉中看到那道光。人越是能夠認出心中的光——自己的覺性，就越能夠看見那道光在玫瑰的花瓣上舞動，展現玫瑰的色澤。

顏色是什麼？不是別的，就是光的形態之一。我們之所以能夠認出世間的五顏六色，是因為作為認知者，我們本身就是神的光。那道光在我心中，在你心中。我能夠看到在玫瑰花瓣中閃爍的光，是因為認出了自己內在的那道光。去「認」出你內在的光吧，「認」出那原本就存在的光！

人原本就住在覺性國度裡，那是生命力的國度，是天體的光的國度，有著無垠的空間。人是那國度裡至高無上的君主，只是某次出遊之際，掉進了這個受時空、因果制約的有限國度。人困在這裡，不復記得自己原本是光的國度的君主。

人的境遇讓神發了悲憫之情，運用愛心和智心，將天界的光散布在人流亡的國度，所以鑽石中有光，金銀中有光，玫瑰花瓣中有光，所見之人的眼中、所愛之人的面頰上都有光，而閃爍的顏色中、絲綢上、水面上亦有光。那道光不停地變動，成為一片葉子，成為玫瑰的一瓣。不論眼光望到哪裡，都看見那道光，所以人才能記得自己原本的國度。

看看周圍閃爍的事物，它們不是別的，而是光的形態、光的肌理。它們都在提醒人，呼喚人的回歸。

人忽然醒覺，是因為內在有了感應。內在有什麼東西在相應？是那內在的光，在和它的同類相呼應。人看見美的事物會有反應，是因為人的內在有美，它在和同類相應。嬰孩看見別的嬰孩會伸出手，是因為他認出了那是自己的同類。而且嬰孩能辨別洋娃娃和真人的不同，他是怎麼分辨出來的？是誰告訴他的？是誰教他的？他內在的什麼起了反應？是愛在反應。能認出那道光的，除了愛，還有什麼？愛能認出自己，能在那道光中見到自己的映影。

這個世界裡充滿了可以讓我們憶起原本國度的事物，它們都在提醒：我們是流亡中的過客。可惜回去的路被阻塞了，所以要打通它。

我們看見美、看見光、看見愛的時候，能認出它們，是因為內在有它們的同類，所以會受到吸引，有所反應。但還要再進一步。每當認出美、認出光、認出愛的時候，請再進一步，認出是誰在認知，認出那認知者。

再強調一次，人要覺知認識的過程，瞭解這種認知是一種吸引的作用。**我們之所以被那些耀眼、輝煌的，紅的、白的、藍的各種事物所吸引，是因為內在存有類似的事物。**我們要認出美、光、愛就是自己的本性在外界事物上的反映。最後，還要認出那認知者是誰。

當你達到這個境界，知道了誰是那認知者，就會明白，把世界中所有的光，所有在玫瑰花瓣上舞動的色澤，所有已出土和未出土的鑽石、紅寶石、綠寶石的光，宇宙中每一個太陽的光，全部滙集在一起，也比不上這認知者的光。那時，回歸原來國度的重重門禁就會同時敞開，那是充滿光、愛、美的國度，是屬於你的國度。你是國度的君主，不用敲門，不用索取鑰匙，門會自動打開。當你認出了那認知者，就是證悟到自性，找到了自己的靈，終能與神相視。

經文中說：「神的真面目如此駭人，見之者必死無疑。」

我說：「讓我一見神的真面目吧，我會死而無憾。」

所有的經典、先知、聖者、大師都說過類似的話：「除非你先死過，否則怎麼能得再生？」

所以，讓我和神的駭人面目相視吧！然後再讓我死去。讓這個「我」死去吧，這樣才能打通所有的阻塞。

各位光，我和你們相認，我愛你們。

世界屬於你

這個世界屬於我們。這整個十方世界，過去、現在、未來的世界，內在的、外在的世界，都是我們的！這其中只有極少數的東西是要付出代價換取的，其他的一切不但免費，而且數量豐富。如此說來，大家應該覺得無比富足才對，可是有些人卻覺得自己很窮。為什麼？

你能想像宇宙有多遼闊，就能讓自己的心念飛到多遠，所到之處都是你的國度，你就是其中的君主。這空間有多大啊！可是我們明明可以任意遨遊其中，卻偏偏要去爭奪算計那些蠅頭小利。就像小孩在沙灘上堆了一個沙堡，沙堡塌了，他就傷心哭泣。可是這個宇宙中還缺沙堡嗎？其後還可能造出多少個沙堡來？機遇無處不在。雖然我們可能錯失了過去，錯過了這樣那樣的機會，但是未來的機遇都是我們的，為什麼還要覺得自己窮？就算有人把你所收集的石子拿走了，你也應該覺得那是在減輕自己的負擔。

一顆打磨好的鑽石會有很多切割面。如果你擁有一顆鑽石，就是擁有了鑽石的每一個切面；不可能只有其中一面屬於你，而其他的屬於別人。這世界就像一顆巨大的鑽石，有數不盡的切面，中心有許多太陽在照耀。這是你的鑽石，但如果你總是只看到其中的一個切面，而不去看別的切面，當然會覺得自己窮。如果你真正明白自己擁有的是鑽石的每一面，所有的機遇都屬於自己，就不會有焦慮和不安全感，而會顯現出君主般的氣派。但是這一定要由衷地自然流露。裝出來的不能算，何況那是裝不出來的。只要你有這樣的氣派，不管站到哪裡，大家都會圍在身旁，待你如君主，世界就在你的掌握之中。

你想不想控制周圍的人？這個問題不容易回答！如果回答「想」，我會說你自大。如果回答「不想」，我會說你言不由衷。不過，我還是把方法告訴大家好了。控制別人之道在於先控制自己。就這麼簡單！我們都以為可以控制自己，可是如果真做得到的話，就沒有人會對我們說不。關鍵還是在於前面所講的，首先要打通自己的障礙。因為有障礙，所以我們會看不見自己無所不在的覺性，無視所擁有的一切，以及可以把握的機遇。

先不說宇宙，就談這個地球好了。它就是你的。當你知道它是你的，反而不會時刻抱住它不放。億萬富翁出門時，不會把所有的財富都放在口袋裡，他知道自己擁有財富，有足夠的安全感，只需要帶著那份自信出門。你也可以時時帶著自信出門。在這個世界上，如果你把每個人都視為家人，那麼每個地方都是你的家，人人都會愛你。

每當你遇到看似跨不過去的障礙像巨石般擋在途中，就要記得有一種事物可以對付石頭。世界所有海灘上的無數細沙，是石頭受海水沖刷而成的。中流砥柱的巨石，最終會被流水磨蝕。所以要學水，遇到挫折、障礙的時候，就繞行。只要不是昏沉、怠惰的人，不存抗爭、報復的心態，就可以找到其他的出路。只要動機正當，不是出於自私的目的，就能以真誠來處理一切人際關係，就能從石塊旁邊「流」過去。

我認識一位美國的女士，她很早以前就想推廣豆腐食品。當時絕大多數的美國人不認識這種食品，於是她就以提供獎學金的方式，請大學研究所的學生研究如何把這種既經濟又營養的食品，介紹給當地的中小學校做為學生午餐。結果她做得很成功，在當年的美國豆腐年會中，與會人士一致起立為她鼓掌。

她也成功地將產品打入當地的一家連鎖超市。但她的公司很小，不久後又有一家大型食品工廠加入競爭。她的豆腐產品都打上了生產日期，但超市卻更歡迎那家工廠不註明生產日期的豆腐，所以取消了原本給她的訂單。

換成你的話，會怎麼處理？你可以在媒體登廣告，詆毀對手的產品，這是一種方式。或者也可以削價競爭，這是典型的學校教材裡教的手段。

她的處理方式是請人送一束花給超市的經理，而且送花的人還會唱上一段特別譜寫的歌，歌名是：「你怎麼忍心遺棄我？」

兩天以後，超市的經理打電話給她：「我投降，我們還是請你繼續供貨！」

還有一次，有位美食評論家寫了一篇專欄文章，批評豆腐沒有任何味道。

如果不懂怎麼烹調，豆腐當然淡而無味。所以，她就親自下廚做了一道豆腐全餐，包括豆腐甜點，帶去那個人的辦公室。

「坐下來。」她對他說：「今天我要請你把話吃回去！」

美食評論家在品嚐過豆腐全餐後，又寫了一篇文章，這回是介紹這種可口的食品。

若想要有應對逆境的本事，人的心胸、思想就一定要開闊。這不是什麼技巧或手段，而是整體人格圓融到某種程度的自然流露。換了別的人，可能會坐下來，用自己本位的觀點來思考及分析每一個細節與點滴，而通常這種方法是解決不了問題的。

要學會重新用新奇的眼光來看世界，就像天真的孩子一樣。我們是在幾歲的時候丟棄了這種眼光？那份歡愉之心到哪兒去了？世上所有的鑽石珠寶，乃至每支蠟燭的火焰，都在提醒我們不要忘了自己內在的光明本性。可是人成年以後，視力就變得狹小、遲鈍、朦朧、汙濁。

有些人非但自己的視力遲鈍，而且還要讓兒童的視力也變得遲鈍，並美其名曰「教育」。這種教育是在訓練技能，教人用死板的方式看世界，歸納出一、二、三、四、五個原則，用A、B、C三種方式，有這樣的規則、那樣的公式，照做就會成功，等等。其實，學了這些知識只會讓人視野狹窄，受到更多的拘束。除非瞭解什麼是真正的自在，否則縱然學了一大堆技巧，還是不得自在。

焦躁不安和因循怠惰是盤踞在心中最主要的兩種成分，如果一個人不能時時看住自己的心念，稍有不慎就會掉進它們的陷阱，成為它們的俘虜。另外，即使我們自認已經克服了它們的糾纏，也不能自滿，因為還有很多我們所不知道的陷阱。

前文提過的印度神話人物納拉達有很多傳說，我很喜歡引用的是下面這個故事。

有一次，這位吟遊宇宙間的天神去到神主毗濕奴的住處，當時神主的配偶妙吉祥（Lakshmi）因為衣衫不整，就急忙找東西掩蓋自己。

納拉達見狀大為不滿，他以為自己已經超凡入聖，克服了男女有別的心態，對女人無所迷戀，所以女人在他面前無需害怕，可是妙吉祥竟然還把他當一般人看待。

毗濕奴就問他：「納拉達，你真的已經脫離了自己的幻境嗎？」

納拉達說：「是的。」

毗濕奴就要他一起到人間走一回。他們來到一座美麗的湖邊。

毗濕奴說：「納拉達，這裡的水非常神聖，你應該去浸一下。」

（世界上很多的宗教、神話、民俗都有「洗禮」之說，以形式上的浸禮象徵洗淨心靈、獲得新生。）

納拉達依言走進湖裡，浸入水中，剎那間獲得新生，忘卻了自己曾經是吟遊的聖人納拉達。他變成了一位美麗的婦人！「她」從水中走出來，只記得自己曾在湖中浸浴，其他的事全都忘記了。

此時，當地的國王經過湖邊，與她四目相對，立即墜入愛河。於是，國王迎娶她成為王后，她為他生了二十個兒子，個個都是一時俊彥。他們過著無比幸福的生活，可是當國王年老時，敵國入侵，國王戰死沙場，兒子也相繼陣亡，最後國家破滅，她倉皇出逃，傷心不已。

此時，毗濕奴化身成一位路過的婆羅門教士，為她解說世事無常、一切為幻的道理，然後又告訴她，那些投胎成為她的兒子的靈魂，已經完成了此生的任務，又各自走上不同的道路，而她的餘生應該用於祈禱和朝聖，鄰近的湖泊就是她開始朝聖之處。

她依言走進湖中做朝聖的洗禮，當「她」再次從水中出來時，又變回了納拉達。

納拉達從湖中走上岸，毗濕奴站在湖邊問：「納拉達，你怎麼了？」

納拉達完全迷糊了。

「納拉達，你真的完全征服了迷戀和幻境了嗎？」毗濕奴問道。

納拉達只好連聲回答說：「沒有。」

在心靈成長之途不要停下腳步，永遠不要太自負、太肯定。我們應該肯定，自己擁有鑽石的每一個切面；應該肯定，只要能摒除負面、灰暗的情緒，讓心中固有的光明、輕盈的一面來主導，就沒有繞不過去的障礙。可是請記住，永遠不要認為自己的心靈成就已經到達頂點，那樣反而會讓自己失敗、跌倒。

使心不能平靜的九種障礙

帕坦迦利在著作《瑜伽經》中（第三十和第三十一經），列出了九種障礙及其導致的四種症狀，這些都是走在心靈修持之路上的人常常會遇到的。

第一種障礙是疾病，指的是身體的組織、分泌系統、感官等有失調的現象。根據古代印度的醫學理論，身體有七大組織，例如骨骼、肌肉、血液、骨髓，以及分泌的汁液（荷爾蒙）、感官系統等。這些組織的失調就是疾病，是一種障礙。

我見過很多人為了見斯瓦米拉瑪一面而不遠萬里飛來印度，希望能得到一粒心靈的藥丸，吞下去就開悟了。

有的人一走進來，斯瓦米拉瑪望他一眼，就對身旁的克拉克醫師說：「幫他檢查一下心臟，調整他的身體姿勢，教他做放鬆練習，告訴他應該如何改善飲食習慣。」

「什麼？斯瓦米，我是為了心靈的教誨而來。我只有一天的時間。」

「什麼心靈的教誨？你連坐都坐不直，還談什麼心靈教誨！」

拉丁諺語說：「健康的身體中才有健康的心靈。」所以說，疾病是第一障礙。想要修心，就得先把身體調好。否則，就算心想長時間靜坐，身體也坐不住，到時候還是要回頭來調理身體。

但是生理疾病只是一種短期性的障礙。常有人告訴我：「我生病了，沒辦法靜坐。」可是，如果真的決心靜修，有些修行法門是躺著也可以做的。身體可能會感染病菌，心理卻不會因細菌而致病。疾病是一種障礙，有時候人們只會把它當作不修行的藉口，或是不斷對自己說：「我有病。」結果就這樣把生理的疾患變成了心理的障礙。

身體生病是生理上的症狀，但是如果病好了還要吞藥丸，還拄著拐杖博人同情，那就成了心理的問題。我們要將身體失調和心理失調兩者區分開來。如果讓身體失調變成心理失調，從而影響到情緒和思維，那疾病就成為了長期性的障礙。

總而言之，疾病之所以會成為障礙的原因在於：一、當你想要深入禪定時，身體能量有限，無法長時間端坐。二、疾病變成了藉口，成為心理問題，導致意氣消沉和依賴心理。

拖延是第二種障礙。「明天再做」，這話聽起來熟悉嗎？

心意懶散也是一種障礙。有些人說自己在靜坐的時候，心定不下來。那是他自己讓心跑掉，讓感官向外攀緣。一天當中，大家都是在什麼時候控制了自己的心？如果從來不把心向內收，它就永遠處於懶散的狀態，一直在空轉，什麼也不能成就：既沒有造福人群，也沒有造福自己。請回想一下過去的二十四小時中，你的心念有沒有在空轉？你有為誰造福了嗎？另外又成就了什麼？

拖延是懶散的「養子」。「啊，明天再做吧。我會找時間再開始。」「最近遇到一些問題要先處理，等忙完了我就有時間追尋心靈的成長。」這些話我聽過不知道多少次了，而且多半是出自那些生活比較富裕、衣食無憂的人。

有句諺語說：「逆境非逆境，幸運亦非幸運。」真正的逆境是那些沒有把心用於憶念神的時刻，真正的幸運是我們用來憶念神的時光。

3〉猶疑

猶疑即指心像鐘擺一樣，時而想這樣，時而又想那樣。其表現有很多種，例如有的人可能懷疑自己學的是不是真正的瑜伽，有沒有跟對心靈導師，有沒有能力證悟，或者是糾纏於「假如我不用工作就好了」、「假如我不是家庭主婦，不用帶孩子就好了」、「我好像沒什麼進步」之類的想法。這些想法會讓心念來回搖擺，修行者自然定不下來。

4〉疏忽

疏忽是很難克服的障礙之一。疏忽的反面是用心，時時用心，反覆把同一件事印在心上。例如，我們應該時刻重覆一些昭示真理的名言警句，不斷地提醒自己。換言之，不用心就是疏忽，疏於把正確的念頭印在心上。

疏忽會讓你無法得到修行人應該具備的六種法寶。這六種法寶是徹底解脫的前提條件，分別為：平靜、自制、退伏（不受世俗的引誘）、忍辱（能忍受心頭、身體、環境上不如意之事）、信奉（包括崇敬心、謙卑心）、無衝（調和衝突，製造和諧）。

該怎麼化解衝突？先從自己的內在做起，才能化解外在的衝突。如果能化解內心的種種衝突，使之和諧，自然就有能力解決外在的爭端；如果不能讓身邊的人感受到和諧的氛圍，就表明內心還有未化解的衝突。上師可以用此觀察弟子的修為是否到家，你也可以用來檢驗自己。

修行人得不到上述六種法寶就是疏忽，該做的沒做到也是疏忽。例如本應該避免衝突，卻不經意地出口傷人；本應該誠實篤行自己的信念，卻常常言行不一。

5〉怠惰

疏忽的好朋友是怠惰，是一定要克服的障礙。如果一個人想成就什麼事，最大的敵人就是怠惰。例如身體肥胖、行動遲緩，通常都是怠惰的表現。你可以做個測驗——明天早上一醒來就即刻起床，不要賴床——看看自己的意志有多堅強，能否克服怠惰。

6〉放任

放任就是毫無節制地追逐感官之樂，還時刻思念之，無法把心念從欲望中抽離。結果，雖然沒有在做性事，可是心還想著性事；沒有吃東西，可是心還在不停地吃。縱容自己的心去追逐欲望，這就和前文提到的六法寶之一「退伏」是相反的。

要知道，欲望是不可能透過放縱來滿足的，這就像火上澆油，只會讓火勢更猛。我們常常對自己說：「我把目標定在這裡，達到就可以了。」可是等達到了目標，欲望又會說：「來吧，再加多一點就好。」

不能克制世俗的欲望，就會妨礙靜修；不論求的是名、色、財，還是求空，心念都會像火星似地不斷冒出、消逝，人當然無法定下來。

7〉邪見

邪見由猶疑而生，但是比猶疑更進一層。因為有邪見之人不會懷疑，而是完全以「不實」為「實」。

例如，我們應該有的正見是：死亡不存在，因為本我是不朽的；肉身的腐朽只是物理和化學上的自然現象，我們的靈卻不會隨著肉身消失。可是很多人就誤認為死亡確有其事，也因此心生畏懼。這種錯亂的邪見就是障礙。

8〉不堅定

由於前七種障礙的干擾，修行之人將無法立定腳跟、百尺竿頭更進一步。譬如打坐的時候就難以全然專注，而會心生雜念：「咦，怎麼什麼感覺都沒有？」或者心意不定：「我實在沒有時間。嗯，今天姑且坐五分鐘好了。」有這種心態是絕對不可能進步的。我們進行心靈修行時，一定要虔誠、恭敬、信任。

9〉退轉

即使修為已經達到某種程度，也有可能退步。第九種障礙是退轉，即無法保持成就。修為成就有很多層次，每一層是一個境地，是一種「地」。如果不能一直保持在某種「地」，就不能算是「到地」。譬如打坐時清靜了幾分鐘，這還不能算「到地」。要能一直保持平和的心境，無論行、住、坐、臥都不變；時時都能在這樣的心境下發出言語、安頓好人際關係並解除疑惑，這才算「到地」。而這個「地」就會成為常態，我們才可以進入下一個境地。

讀到這裡，有人不免會說：「這太難了！有沒有簡單一點的呢？」根據《瑜伽經》，要克服這些障礙，最簡單的方法是得到神的感應。那怎麼才能得到感應？經文說，要長時間修持自己的咒語或是誦禱。如果能夠恆常持咒、誦禱，綿綿不絕地將它印在自己的心識中，達至一念不生的地步——你的咒語、誦導就是你，你就是它，屆時你就不用再去求感應，因為已經得了感應。

其實，上述所有修行法門都是在幫修行者打通身心的淤塞。要先打通自己，才能領受感應。不幸的是，有些人難以接受與神感應的觀念，他們說：「我以為瑜伽是一種科學，為什麼要牽扯到神呢？」可是我們要明白，瑜伽之道在於融合對立、結合分化。如果在你的觀念中，神是與自己分開的另一個體，遠在天邊某處，那你就不容易接受存在所謂的感應這回事。

瑜伽要求修習者經常思索「我就是梵」這句名言。當你說：「我就是梵，是那海洋般綿延無垠的『一』，是那個『一』中的一道波。波和整個海洋是一體的，所以此刻正在說話的就是神。」你就是在講述自己的親身體驗。

那麼，這樣的神會給你什麼樣的感應？這要自己去體會，也只有靠自己才能體悟到。

四種次生症狀

伴隨上述九種障礙而來的，有四種症狀。

1 苦

什麼是苦？我們都體驗過苦，也自以為能認出苦。苦有幾種，但是最根本的苦是什麼？有求皆苦。苦的根源就是欲望，也可以說欲望即是苦。苦是一種不正的心念，是心念被欲望打亂、不得安寧而生起的。

2 挫折

苦的結果就是第二種症狀：挫折、絕望、心情惡劣、情緒起伏不穩定。我們經常見到這種人，他們心情惡劣，面無笑容，充滿挫折感，原因就是有欲望得不到滿足。

3 身體不安定

心理的挫折會引起第三種症狀：身體不能安定下來，不是手在動，就是腿在抖，而且多半是無意識的。

如果心受到攪動，身體自然無法靜止。有的人即使經年累月地練習哈達瑜伽，做瑜伽的體位運動，一旦打坐，身子也會左右亂動；要他坐三十分鐘，乃至十五分鐘，都坐不住。這是因為他心中有許多沒有紓解的痛苦和挫折，在不停地驅動、干擾著身體。

4 不自主地吸氣和呼氣

身體的問題導致了不由自主的呼吸狀態。心頭有困擾的人，呼吸也會呈現困擾的表象，有情不自禁地嘆氣、倒抽一口氣、急促地呼吸或呼吸不均勻等等問題。這意味著他和自己的呼吸「分家」了。曾有人對我說：「我近來有太多不如意的事。」其實根本不用說，從他呼吸的狀態就能看出來了。

心念完全平靜的人，打坐時的呼吸是非常平緩、深沉有節律，而且完全無聲息的。這才是我們要學習的正確的呼吸方式。

有的人一坐下來，剛開始的幾口氣還很平順，接著就喘一大口氣，然後呼吸變得不規則起來。他們想要控制呼吸，可是做不到，就問我有什麼特殊技巧。什麼技巧？最好的技巧是心要能平，氣自然就和了。怎麼做到平心靜氣？平時若能克服前面提到的九種障礙，心自然平靜，呼吸也會流暢，甚至人生也會更暢順。

以上四種症狀都是因分神而導致的。分神即是沒有仔細照顧好心念的結果。有時候，即使是心靈修養很有成就的人，一個疏失也會造成極大的後果。有個故事如下。

河邊有兩個人，一個是婆羅門階級的神學家，終身茹素守戒，修持頗深，心念清淨，此時正在河邊打坐；另一個則是漁夫，以打殺漁獲為生。

忽然間，河水暴漲，把兩人沖走了。

在水即將沒頂的時候，那位婆羅門睜開眼看見了漁夫，最後一念是：「唉，此人殺生，造這麼多孽，多可怕，真是無可救藥！」

漁夫在遇溺之際看見了婆羅門，最後一念是：「噢，多麼虔誠的人啊！他靜坐的樣子多麼平和、莊嚴，我希望也能像他一樣。」

這兩人帶著這樣的心念溺水而亡。據說在下一世，那位婆羅門神學家投胎成了漁夫，漁夫反而成為婆羅門階級的修行人。

所以，要小心自己正在動什麼念頭！

多考慮別人的觀點

大多數人的人生就像一個糾纏在一起、打了許多結的巨大線團。他拉起一條線頭，想把它解開，可是這頭還沒解開，另一頭又起了個結。縱使他從生下來就開始解結，也一輩子都解不完。我們要留心的是，最初是怎麼作繭自縛，為自己設下這麼多限制的。

最鮮明的例子就是現今的教育制度。學校的死板教育方式要求學生遵守一定的思考模式才能通過考試、出人頭地，因此我們心中容不下任何空間，無法從不同的角度看事情，也不能從別人的立場來設想。換言之，我們的想法都被定了型。

所謂的專業訓練，教人用某種特別的方式來看待人生百態，更是成為控制我們日常生活的韁繩。於是，人們下了班後，不僅把工作帶回家，更把工作的情緒也帶回家。所以，教師就從職業角度來看所有的事，在家中依然擺出老師的臉孔，用上課的口吻對妻子和兒女說話。對他而言，可能只有教師的觀點才是唯一正確的。律師也一樣，他們被訓練成只會從法律的角度看問題，遇事總是先考慮負面因素，連個人私生活也不例外。醫師、銀行家、商人、心理諮詢師……多半如此。假如碰巧先生是律師而太太是醫師，他們就可能因為無法擺脫各自專業訓練的拘束，以致很難溝通。

以前讀過一則報導，有位俄國科學家，專長是對照頭骨重新塑造人臉，相似率非常高。他說自己常常在搭乘公車的時候，觀察周圍人的頭骨和面容之間的關聯。他如此投入工作，以致面對著活生生的人時，也只看到頭骨的結構和形狀。我真懷疑，在他眼中妻子和兒女會是什麼模樣。

我很慶幸自己從來沒有進過學校，可以用自己的方式來思考。別人進學校學習當醫師、律師、工程師，而我只學會一件本事，就是怎麼去使用心。這本事是在學校裡學不到的。只有當心念完全擺脫了任何束縛和設定，不再認為只有某一種觀點才是正確的，而能從各種角度看待事情，才可能學會怎麼去使用心。

也許有人會說：「我是年輕人，他是老人，我們的觀念絕對不同。」可是人都會變老，到時我們的觀念會改變嗎？會不會和今天的觀念有衝突呢？何以見得年輕人的觀念就是唯一正確的？人都會經歷青年和老年兩個人生階段，為什麼只肯接受其中一種觀點呢？能夠不固執己見、不落入成見、不受片面觀點所拘束的人，才是真正有見地。

例如，同一個名詞在不同的文化背景下，可能有完全相反的意義。

在美國，要稱讚某人時可以說：「你真是聰明如貓頭鷹。」在印度，要責備別人的話就會說：「你蠢得像貓頭鷹！」美國人認為貓頭鷹聰明，因為別的生物不能夜視，唯獨貓頭鷹在夜間能看得清清楚楚。印度人說貓頭鷹蠢，是因為牠在光天化日之下居然目不能視。那麼貓頭鷹究竟是聰明還是蠢呢？

在美國，如果你稱呼隔壁的女士是隻「母牛」，明天可能就收到律師信，警告你侮辱了他的當事人。在印度，如果你到鄰居家裡做客，見到他天真可愛的女兒，對主人說：「令千金真像一頭完美的母牛。」主人會覺得十分得意。因為母牛在印度是溫順、慷慨施捨、純潔的象徵，是像母親般神聖的生物——當母親不再哺乳，孩子是從牛身上獲得奶水的。

我們都聽過盲人摸象的故事，但其實自己就像其中的一名盲人，認為大象就是所摸到的那個部位的樣子，卻不知道整隻大象的全貌。如果只從一條窄縫中看世界，眼光就有限，無法理解別人的立場和不同的觀點。如果能走出自己的局限，站在別人的立場、用不同的觀點來看世界，就是在打通心靈的淤塞。

一九五六年，我初抵歐洲，在英國某地的一個協會演說。該協會的理事長讀過我的履歷，將我介紹給與會來賓時，說：「我們今天的主講人不幸幼年失學。」不幸？我可絲毫不覺得如此！他從自己的角度認為我是那種幼年時不幸無法上學的人，卻不曾想過，世界上可能存在另一種完全不同的價值觀、人生觀和教育方式。實際上，我們對於什麼才是「教育」的概念，和他的概念是完全不同的。

我出生於印度的一間鄉下小屋裡，以今天的觀點看來，可謂是生在一貧如洗的家庭環境中。當然，當時我並不明白自己是貧苦人家子弟。可是，如果有機會再生為人，我還是會毫不猶豫地選擇在那樣的環境出生，可以生來就浸潤在印度傳統的文化氛圍裡。

千百年來，印度有許多人寧願過著貧窮的生活，好讓自己和子女能夠學習並實踐某種人生哲學。很多人對此都難以置信，生長在富裕西方社會裡的人，大概會認為我這種人的行徑不可思議，「蠢得像隻貓頭鷹」吧。他們卻意識不到自己已經成為物質的奴隸，離不開舒適的生活環境。如果讓他們居住在鄉下的茅屋中，肯定會受不了。

我們的心態應該是，對富裕和簡樸的環境沒有區別心，不依賴任何一種環境，能夠隨遇而安、自得其樂。不要認為自己所習慣的就是好的，而價值觀不同的人就是「不幸」的。這種想法使人心胸狹窄，也就是《奧義書》中說的「心中結纏」（knots of the heart）。

大多數人都有自己的價值觀，但是這些觀念的源頭是某些「前提」。因為宇宙太複雜了，所以我們就走捷徑，先接受某些預設的前提條件，再根據既定的前提衍生出一套觀點。因此，基督徒的觀念源於某種預設，印度教徒、佛教徒、無神論者的觀念也有前提，乃至醫師、律師、婦人、男子、兒童等等的觀念皆是如此。這些預設的前提就像心靈上的一種框架，成了人們的固有觀念與行為準則。

「問題」是：我們有沒有仔細想過這些前提？有沒有盲目接受？為什麼它會存在？我們往往不敢檢驗這些觀念，因為它們能帶來安全感。歸屬於某個宗教團體、社會大眾、家庭或某種職業團體的安全感，能令自己安心。而如果要我們從中出離，我們就會覺得不安全。朋友，這的確不容易，需要有獨立的哲學精神和道德勇氣才能做到。可是，我們仔細檢視自己的觀點，質疑它的前提，目的是為了改變、提升自己，而不是對抗、批評別人。

走路的方式、站立的樣子、坐著的姿勢、皺眉和微笑的模樣、談吐的氣質等，都會透露出我們的人格特質。這是一貫的習氣所塑造出來的形象，別人則會用他的觀點來看我們，在心中形成另一個形象。這兩個形象可能相符，也可能不符。所以我們心目中的自己，很可能和別人眼中的不同。我們能不能跳出自己心目中的「我」，重新去塑造自己呢？

人人都希望擁有童話故事中的那面魔鏡，可以問：「魔鏡、魔鏡，誰是世上最美的人？」然後鏡子回答：「世上最美的人是你。」可是你有沒有想過，身邊的人都是鏡子，例如朋友、妻子、丈夫、兒女、父母、員工、雇主，他們會認為你是最美的人嗎？自己在他們眼中到底是什麼樣的人？最聰明的人不會只想聽好話，而是想聽實話。他甚至不用問身邊的人，就會自己反省：「讓我從他們的角度來看看自己有什麼面目是原本不知道的。」「那家公司沒有雇用我，反而雇用了不如我的人，到底是怎麼回事？我能藉此看清自己的優點和缺點嗎？」

我有一個刻意養成的習慣，就是絕不持反對立場，絕不當反對者。所以我會認同別人的觀點。我進入基督教的教堂，整個人就沉浸在做禮拜的愉悅情緒中；進了佛教的寺廟，就去感受供佛誦經的莊嚴肅穆。對我而言，能把別人的觀點融入到自己的觀點中是一種樂趣，是自我提升和成長的契機。為什麼要剝奪這種樂趣呢？

記得我很小的時候，有一次，姊姊拿了一張圖畫給我看。我很喜歡，她就要我把紙翻過來看背面的畫。說實話，那是我第一次明白原來紙張有兩面。所以我也由此學到，凡事不要只看一面，還要翻到另一面看看，這樣才全面。

在中東某些地方，如果有人不按規矩禱告，回教的教士可以把他拉到市集中鞭打。有一天，教士來到一個商人家中，說：「你為什麼不來參加禱告？再不來的話我就把你拖去鞭打！」

商人說：「可是我讀的經上明明寫著『汝不可禱告』！」

教士說：「哪有這回事！你讀的經會比我多嗎？經上哪有這樣寫的？你讀的是哪一本？指給我看！」

商人拿出他的經書，指給教士看。

教士翻到下一頁，發現背面的經文接著寫道：「必先洗淨自身，始得為之。」

另一個例子是，有一次，學院裡有一位身材嬌小的女義工跑來向我告狀：「我受到了不平等待遇，這裡不是應該男女平等嗎？」

「是的，這裡的確應該男女平等。」我說道。

「可是他們分派工作的時候歧視我，只讓我坐辦公室。我喜歡園藝，也提出要求，卻不能被分配去花園工作，好像只有男生才能去做花園的工作。」女義工說道。

「從你的角度來看，這是一種歧視。可是換個角度，有沒有可能分配工作的人覺得在這種天氣裡，花園的工作對你而言太粗重了？」我回應道。

「噢，我倒沒有這樣想過。」女義工說道。

所以，要多留心別人的觀點，看看自己能從中得到什麼啟示。

當今的社會氛圍充斥著對抗心理，有些人遇事總是想太多，以至於他人的讚美在他聽來不是讚美，他人的一番好心在你眼中卻不是善意。其實，我們不僅自己不應做反對者，也不應把別人都視為反對者。應先看看對方的出發點是什麼，不要未經思考就妄下結論，以致引起厭惡甚至憤怒的情緒，陷入衝突對抗的局面。我們要用共識來取代衝突和對抗。共識就是找到共同之處，讓彼此都接受對方的立場。

當然，達成共識的結果是少了激動的情緒，對有些人而言則少了看熱鬧的機會。多年以前，我待在美國明尼亞波里市，有一次，當地的「榮格（Carl Jung）學社」要安排一場瑜伽心理學與榮格心理學的辯論。我和一位來自芝加哥的著名榮格心理學者都獲邀參加。辯論的題目是「人格轉型與人性提升之爭」，你應該猜得出來我是代表哪一方。我非常高興能有機會和那位年高德劭的老先生相識，以我的文化背景，對方是長者，我就應該尊敬他，向他鞠躬。而他也很高興遇到一位學習《吠陀》和《奧義書》的晚輩。

當天，榮格學社的會員全體出席旁聽這場大辯論。我們走到臺上，各自坐定。那位心理學大師先發言：「嗯，大家知道我是研究榮格心理學的，我也讀過《吠陀》和《奧義書》。我在榮格寫的文章中找到很多論點是與《吠陀》和《奧義書》的精神一致的。」我坐在一旁點頭讚歎。輪到我上場，我講了《吠陀》和《奧義書》的觀點，他也坐在那邊點頭同意。

辯論場上，我們互相贊同彼此的觀點，學習對方的心得，然後互相道別。兩週後，我收到榮格學社寄來的社訊，其中寫著：「我們原本期待能看到一場針鋒相對的激情辯論，卻沒有料到《吠陀》的傳統精神是兩者的共識，臺上坐著的雙方以相互點頭稱許結束了辯論。」

人生能和諧，日子就好過多了。我們要踏出去，去瞭解別人的「前提」是什麼，為什麼會有這樣的觀點，他的結論又是用什麼邏輯得出來的。讓自己的「前提」和他的「前提」相交會，就能找到你們之間的共識，讓彼此平和相處。

由內打造自己

前文一再提及，所有的束縛都是我們自己加上的，心中的結是自己結上的，障礙也是我們自己造出來的。換言之，我們是在作繭自縛。「我的工作環境就是這樣，還能怎麼改變？」「是父母的行為養成我現在的性格。」「我不喜歡教堂，所以無法親近神。」「我已經定型了，還能怎麼改？我就是這種性格，無法突破。」「我年輕時吃盡苦頭，才形成了這種人生觀。」以上種種念頭都是自我束縛，都是障礙，它阻擋我們，讓心靈無法成長，無法做出脫胎換骨的改變。

如果你認為是工作環境養成了自己的工作習慣，是學校塑造了自己的心智，一切影響都是外在所施與，那麼**首先也是你自己打開了感官的窗戶，才讓那些念頭、經驗得以不斷地影響你、改變你的心識**，要怪你沒有決定要如何打造自己。你沒有立志、造一個願景、下定決心：「不管周圍的環境如何，我一定要成為如此如此的人。」

當今世界有一種思潮，可謂是人類文明最大的悲劇之一。這種思潮發端於美國，正在漸漸侵蝕人類的心靈。從古到今，人類的心靈一直有很多弱點，有傷痛、孤獨，有各種各樣難以言說的自私和殘暴心理。人性中有暴虐的成分，所以強者會侵凌弱者，而弱者則渴望有一天報復強者，這些都是人性的弱點。

而悲劇就在於，人類文明史上，首次有一群所謂的哲學家、心理學家站出來，把人性的弱點合理化，當作是不必去克服的自然現象。他們的哲學論調是：「自私是正當的；憤怒是自然的情緒，所以要任由它爆發出來而不要壓抑；根據『開明自利』（Enlightened Self Interest，意即利己而不損人）的主張，不願意做任何公益的捐獻是無可厚非的；即使願意無私地付出，也不代表這行為必然是一種善。」由於美國人樂於接受這種理論，它也反映在政府制定的政策上。而這種觀念正是心靈成長的障礙，只要它在，我們就解脫不了。

這種思潮自有它的邏輯，但是邏輯不能當藉口。例如，暴怒之下傷人者也可以自有一套形式邏輯：「因為你說的話會激怒任何人做出反擊，你說了那番話，所以我就有那樣的行為。」我們習慣於發明一套邏輯來將事情合理化，為自己的某種心理反應、行為模式辯護；漸漸地，那種心理反應、行為模式就成為了習慣，逐漸脫離人類向善的規範。尤其當我們相信那種理論，認為人性的弱點，例如憤怒是自然本性而不必加以克服，就會和「善」產生嚴重分歧，對朋友、家人的態度會變得惡毒無禮，而他們的回應態度同樣會變得惡毒。最終，我們可能就需要進行心理諮詢或行為矯正治療，就像一條俄國心理學家巴甫洛夫（Ivan Pavlov）④實驗室中的狗。

我認為最有效的，不是所謂的行為矯正，而是情緒矯正：改變內在的感覺，用正面的情緒來取代負面的。那麼，又該怎麼矯正情緒，打通心靈中的淤塞呢？

首先，每當心靈堵塞不暢的時候，自己要能有所警覺。例如當我們身體有任何不由自主的動作，不論多麼細微，都代表內在有什麼地方塞住了。無論怎樣，只要起了這種反應：「我控制不住，我並不想這麼做，但就是忍不住。」或是對周圍的環境有無力感：「我想改變家人，可是做不到。」「我真想改變社會，可是做不到。」這些氣餒的思想都意味著心靈的淤塞。

不要受習慣性觀念的限制，不要做習氣的奴隸。習氣是怎麼形成的？那是人們意識到的經驗，沉澱到心靈無意識的層面後堆積而成的。所以除非能夠看到無意識的心靈層面，否則就不會明白為什麼自己會有這種看法、會有那種反應。我們所有的身體動作、行為、言語、腔調，乃至對人對事的態度與喜好，都受無意識的心靈層面所控制。任何經驗只要沉積到無意識層面，就難以意識到，所以人會對自己的往事做出錯誤的解讀。我見過很多人在回憶往事時，會有不同於當時的感觸——他會否認自己做那件事是出自某種動機，而且也不認為自己在說謊。

我們應當記住自己生起的所有念頭。這是非常不容易的心靈修練。很多人恐怕連今天早上起床後有過多少念頭都想不起來吧？這是因為這些念頭是從無意識中冒出來，又沉入無意識中。有修為的瑜伽師會記住自己做的每一件事，對每一個念頭、行為、情緒、反應，都能覺察並保留在意識層面。他不讓自己產生無意識的層面。這對於初學者是非常困難的，可是一旦做到了，就會是個無拘無束、自在的人。

有人可能會問：「如果念頭不沉澱到無意識層面去，我豈不是牢牢記住了所有憎恨、憤怒之類的負面情緒？那會是好事嗎？」要知道，當一個人走在解脫之道上，負面情緒就不會生起，即使生起也不會扎根。人理性的一面，以及受啟發的心靈，會自覺地聯合起來規範心念和行為，以正面的念頭取代負面的思維。

如果碰到惡毒的人，有三種選擇。

第一，逃避他們，最好躲到什麼地方去，完全見不到任何愛挑釁、愛挑剔的人。我希望你能找到這樣的地方，因為我至今還找不到。即使那個被稱為「奇緣巧合之島」（Serendipity Island，即斯里蘭卡）的國家，也會有流血革命。

第二種選擇是以牙還牙，以眼還眼。「你對我不利，我就加倍奉還！你有石子，我有磚塊。」你選了更大的石塊，我就發明了弓箭；你發明了弩炮，我就學馬可波羅，去中國找火藥；你有炸彈，我有原子彈。

還有第三種選擇，就是先改變自己，自然就能改變周圍環境，能把大野狼馴服成小綿羊，就像前文提到的聖方濟。首先要馴服自己，清除心中的淤塞，所到之處就沒有暴力，境遇也會隨之改變。記住：要先能夠控制自己，才能控制周圍的環境。如果內在有許多淤塞，本有的愛心、靈心、慈心、悲心就無法向外發散，不能像許許多多的溪流般從高山中源源不絕地流向四方。

所以，當遇到獅子的時候，不要把獅子當作對手；遇到老虎時，也不要把老虎視為敵人。人類害怕被獅子和老虎攻擊，但牠們同樣害怕被人類攻擊。就像你在黑夜中見到有人迎面走來，心中就會警覺，擔心對方是否懷有惡意，可是對方也同樣擔心你是否心懷不軌。我們應該祈禱的是：「願那普在的光，同在獅子、老虎、蛇中的光，同在雷電、太陽、星辰中的光，願那光在我心中照耀。」然後，當遇見獅子、老虎，或心目中的敵人時，就能看見自己的光也在他們之中。

如果我們把自己綁住了，把自己的眼光收窄了，就沒辦法明白這個道理。每一天，當思潮湧現、情緒萬千、心情起伏，或想說什麼話、做什麼事的時候，請先問一下自己：「我能更大度、更寬容一些嗎？我能不能把討厭他的感覺再減少一點，多一點體諒，多一份祥和？我能不能在溝通的時候多一份友善和熱情？如果一位心胸開闊的人碰到這種狀況，他能用如母親般慈愛的眼光來化解憤怒嗎？」

請時刻問自己，換了別人遇到類似的狀況，會不會更寬容一些。如果答案是會，那我們就去做。也許有人會說：「可是如果別人占我便宜，那怎麼辦？」我寧可讓別人占便宜，因為時間久了我的人格氣質會有所不同，別人會愛戴我，連做夢都不會想到要占我便宜。當然，還是要設定自己的底線，但我終究是寧可自己吃虧，也不讓別人吃虧。這說來容易，做起來可是非常難的。大家心裡可能在嘀咕：「這道理沒有錯，但我又不是聖人。」

為什麼不是聖人？為什麼不可以是聖人？

去學怎麼當個聖人！成就了就能得解脫、得自在，真正免於恐懼，也使周圍的人免於恐懼。往這個方向前進，就算步伐小也無妨，但是要堅定。聖人和凡人有什麼不同？不同之處在於，凡人只看到自己的一面，聖人則既看到自己的一面，也看到別人那一面。更重要的是，對聖人而言這兩面都是平等、實在的。

如果你對學術論點、人生哲學、宗教信仰、待人處世有自己的見解，可以想一想別人有哪些看法是和自己相反的，尤其是針對你個人的。然後把反對的看法寫下來，寫得越多越好。然後試著與對方易地而處，從對方的角度來反駁自己。這樣做很有用：你既明瞭自己的觀點，也瞭解對方的見解，對方卻只知道自己的片面看法。如此一來，你就會比他更全面，視野更寬廣，思考更周詳。

大家可以隨意選取自己的任何一種觀點，然後試著從反對的立場辯駁自己，練習一年看看會不會變得更大度、更寬容。一年之後，對於本來認為是理所當然的事，我們就會用不偏不頗的眼光來看待。原先會受到某種成見的拘束，現在就能得以擺脫。戴著紅色眼鏡的人看世界是紅色的，戴綠色眼鏡的人認為世界是綠色的；他們就是不肯摘下自己的眼鏡，換上別人的看看，所以互不同意對方。那麼，世界究竟是紅的還是綠的？

如果能夠超越兩種看似對立的觀點，從更高的角度去觀察，就能看出它們是有交集的。當你替對方寫文章反對自己原本的立場時，不要自我辯護，把支持自己原有立場的理由都拋開，在文章的結論部分讓對方的觀點獲勝。能平心靜氣地做到這一點，你就會有所不同，變得大度，能容人，能克服自己的恐懼、厭惡、嫉妒心，而且還能找到雙方的共識，朝著彼此都能接受的「中間點」前進。Meditation（禪定、冥想）這個單字就是由「medi」（中間）和「tare」（止住）兩部分結合而成，換言之即意味著修行者立於中道，既屬於這邊，也屬於那邊。

有一位哲學家說過，所謂「德行」，其實是人在試圖「模仿神」。神是無所不覺的全智者，人應該努力增加自己的智慧。神是和藹慈悲的，人應該學習成為和藹慈悲的人。神是遍及一切、無所不在的，人應該擴展自己的覺性，不再受時間和空間的限制。如果坐在家中，就好像身處印度、埃及或其他任何地方一樣，我們才能夠說：「我同時看到了所有人的觀點。」如果一個人能夠同時認清所有人的觀點，就不會再敵視鄰居、鄰國或別人的文化，就無法不仁慈。

不管此刻身在何處，你都能明白和感覺到自己是立足在這地球上，而不是只在其中的某座城市中嗎？如果有此體會，那麼你能感覺到地球的歷史就是你的歷史，所有人類領悟到的智慧都是你的傳承嗎？所以，不必再說：「這是東方智慧，那是西方智慧。我只接受東方智慧。」「我只承認東方社會的價值觀，不認同西方社會的價值觀。」當我們超越了東方、西方的視野，擴大自己的心量，就不會再排斥什麼、拒絕什麼。

如果你猶豫不決，不知該信仰哪一種宗教，那就都信仰吧。懷著同樣虔誠、欣賞的心，去參加不同宗教的禮拜，你會更親近那無所不在的神，終於有那麼一天、那麼一次，你的覺性會得到提升。那就是好消息了！你會獲得徹底的改造，突破最後的障礙，進入最深禪定的「三摩地」（字面意義就是：解除一切矛盾）。從此，你的世界不再有矛盾，一切都融合互補。

白天和夜晚是相矛盾的嗎？你認為貓頭鷹是聰明還是愚蠢的呢？因為貓頭鷹看得見

的時候人看不見，所以牠是聰明的；但是人看得見的時候貓頭鷹又看不見，所以牠是愚蠢的。這兩種觀點其實都成立。只要肯放寬自己的視野，我們就會發現世界上有更多的事物值得欣賞。何必故步自封，劃地自限？何必因為相信這個，就不能相信那個？

一旦提升自我覺性，超越了相互排斥、分離對立的框限，就會得解脫、得自在。這才是自由的真諦。**真正的解脫者，能夠接納過去、現在和未來，包容所有人類的經驗、智慧、文化、真理。真正得自在者，是從內在塑造自己的。**他的性格並非由工作環境、教育程度、童年經歷所決定，而是自己決定了要有什麼樣的人格，要效法什麼樣的理想人物。千百年來，很多人都有此成就，我們也可以有這樣的成就。

去吧，去得大自在吧。

心靈的錯亂

人的心靈有不同的層面，每一層面的風光各不相同。打一個比喻：人做夢時的心識狀態和清醒時不同，會將夢中的景象當成是真實的；人在夢中會做的一些事，清醒時卻未必能做，因為兩個層面不同。

同樣的，如果你執著這個塵世是真實的，就必須遵照現實的規則，不能把超凡世界的理想規則運用在塵世中。

很多追求心靈成長的人就犯了這個錯誤。例如，一九六〇年代、一九七〇年代風行的嬉皮哲學主張每個人都是神，所以大家可以放任自己。可是人活在現實世界之中，肚子會餓，口會渴，其他肉體上的欲望一樣不少。所以，嬉皮士會因生活中求之不得的事情感到受挫，以致吸食大麻成癮。

而神哪有什麼限制？神也不用努力工作，有何所求？如果人真的昇華到神的超凡境界了，就不會對什麼東西上癮，也不會有挫折感。

有個古老的故事說，一位年輕人跟隨師父在人跡罕至之處修行，他把「吠檀多」哲學（Vedanta）從頭到尾都學完了，也自以為通了。

有一天，師父叫他去城裡辦事。年輕人滿腦子都是吠檀多的超升思想，走在街上看自己是梵，別人是梵，一切都是梵，都是一體的。

這時，國王的一頭大象發情，衝到街上，見人就撞。

趕象的人對著街上的群眾大喊：「喂！喂！快躲開！快走開！」

這位年輕人卻站在路中央不動，結果被大象狠狠撞倒，渾身瘀傷。

他的師父一直在暗處跟著，此時就上前去扶起他。

年輕人對師父說：「我真不明白為什麼會發生這種事！我是梵，你是梵，大象也是梵，所以我想梵不會傷害梵才對。」

師父說：「沒錯，照你的想法，你是梵，大象是梵，那個叫你趕快躲開的人也是梵。你為什麼相信大象，而不信趕象的人？」

許多自以為已經超凡入聖的人，其實還沒有真正證悟、上升到更高的境界，**只有半調子的哲學理論，就試圖把超凡的思想和規則運用在塵世的事情上，結果當然不通了**。所以，如果還沒有達到那個境地，就不要把那個境地的觀念用於處理現今所處境地的事情。否則，就是一種錯亂。這是心靈修行人常常會犯的錯誤，一定要有所警惕。

由此引申的道理是：跟什麼人打交道，就要用他們能聽懂的話、能瞭解的道理來溝通。我過去常常犯這個錯誤，一直到近些年才能改過來。

1. Jina：佛經中有譯為「大聖」，或者音譯為「視那」，可以指佛、羅漢、菩薩。
2. 祂是人格化了的神主（brahmán），音譯為婆羅門，不一定和佛教經典中的梵天神相同。又，婆羅門和「梵」（bráhman，重音在前）不同。
3. 佛教經典中或譯為「帝釋天」。
4. 巴甫洛夫為俄國心理學家，諾貝爾獎得主。著名的實驗是研究狗對外界刺激所產生的制約反應行為。

CHAPTER 02

靜坐帶你進入內在的光

一般人都覺得自己的愛是有限度的，他們往往將愛劃下明確的界線，一輩子就活在有限的愛之中。他們不敢確定自己有能力張開愛的披肩，為每一個經過的人提供遮蔽。

有一次，因為我們的慈善醫療基地正在興建，有事要求助於一位顯赫的政治人物，上師便派我到德里去找他。我一從德里回來就對上師報告說：「我把您的披肩帶去，為他披上了。」上師摸了一下我的頭，我就從他的房中告退。

我祝你也能夠有一條這樣的披肩，不論走到哪裡，大家都會聚過來摸你披肩的一角。其實，他們真正觸摸的不是布料，而是那涓涓的生命之流散播出來的愛。這種愛能讓他們從夢中甦醒。

我們大多數時間都在夢中而不自知。大家都以為自己此刻是醒著的？你有多清醒？察覺到此刻鼻端有什麼感覺嗎？如果對此混然不覺，那跟在睡夢中有什麼不同呢？憤怒的情緒要爆發時，你能及時阻止它嗎？它之所以會爆發，是因為人的覺知還在昏睡中，否則就可以趁這朵毒花開放之前，把花苞給掐了。

心靈修行者走的道路是一條圓滿之道，時時刻刻都在清明的覺知中，充滿了慈悲和愛。那種愛是不可能有界限與限制的。我去往世界各地各國，就像是走到自己家中不同的房間裡。你從自己家的一個房間走到另一個房間，會覺得累嗎？會覺得無法適應嗎？而我不論身在何處，每天都要在心中環遊世界一次。為什麼呢？因為我愛大家，上師教我要愛大家。

坦白說，我靜坐的時間並沒有花在持咒或是什麼特殊的法門上，而是用於周遊世界：有時從東向西，有時自西往東，一一憶念各地的學生，以及所有需要我幫助的人。

一九九一年，我在德國做心臟血管分流手術。早上八點，醫師把我從麻醉中喚醒時，很意外地發現我居然立刻就完全清醒了。當時我鼻中插著兩條管子，胃上也通著兩條管子，還有一條管子插在肋骨之間做導流。大家要是看到那副模樣，一定會被嚇到。

可是，你們能把管子插到我的心念上嗎？我的心念完全安好。那天早上八點半是預定滿月靜坐的時間，我要和居住在世界另一個半球上的人們同時靜坐。時間到了，我就照常開始靜坐，為大家祈禱。

然而，有的人卻常常不按時一起靜坐。他們都有藉口，會說那天不舒服，或者當時正在忙，所以不能靜坐。我聽了非常難過，因為他們又錯過了一次讓自己享受片刻寧靜的機會——那份內心深處的寂靜。我的感覺就像母親親手為孩子烘烤了最可口的蛋糕，而孩子碰也不碰就跑開了；就像母親的乳房因為充滿奶汁而腫脹，可是吃奶的嬰兒卻被人偷走了。這是教導靜坐的老師最難過的地方：你要給，他不來取。

我們要把心變作容器，用來接那像雨水般日夜不停灑下來的慈悲，它正在呼喚我們。每當內心渴望平靜的時候，那慈悲就在呼喚、呼喚……當感覺到它的呼喚，有的人可能會對孩子說：「請你們出去，我要靜一會兒。」可是當孩子跑出去，屋裡總算安靜下來時，他又打開了電視機，寂靜的呼喚就會又一次被掩蓋了。

我曾經去了西班牙的阿維拉（Ávila），那兒是「聖女大德蘭」（St. Teresa of Avila）的出生地。我參觀了她出生的斗室，坐在那裡時，靜默如同真實的雨滴般打在身上，那種感覺好像真的有東西在觸碰，彷彿自己是一塊鐵，被逼近的磁鐵漸漸磁化了。在義大利聖城阿西西附近的山洞裡，我也體驗到了同樣的感覺。那個山洞非常小，躺下來都無法伸直腿，可是聖者就睡在洞中的石塊上祈禱和冥想。在那裡，人的心靈宛若浸潤於靜默之雨中。

提到靜默，我還有過另一段奇特的經歷。當時斯瓦米拉瑪在德拉敦（Dehra Dun）市郊的一大塊農地上建造醫療基地，醫院已經蓋得差不多，也來了好幾位醫師，要我帶他們靜坐。

第一次，我們約定在星期天早上四點鐘開始，大家以為那個時段應該會很安靜。可是，那天早上我準時抵達醫院後發現，周圍一點也不安靜。

印度是瑜伽師的故鄉，是禪修的發源地，卻也是世界上最喧鬧的地方，例如聽音樂的人一定會把音量開到最大聲，好像不這麼做別人就會罵他自私似的。因此，凌晨四點的空氣中就充斥著貨車的行駛聲、鳴號聲，還有遠處傳來的清晰可聞的音樂聲。另外，即使沒有聽到本地人家徹夜婚宴的喧鬧聲，也可以聽見鄰村連續三天三夜唱誦法會的誦經聲。還有狗會整晚狂吠著，樹林中的胡狼也不停嚎叫。

那群醫師和我走遍了整座醫院，就是找不到一個夠大、夠安靜的房間可以用來靜坐。醫院裡到處都是病人和家屬，各種各樣的工作正在進行中。

於是第二天，醫院的主任去找斯瓦米拉瑪，她跑到他面前，用手捏了一下他的腳。（在印度，當小輩有求於長輩時就會這麼行禮。）

於是，斯瓦米拉瑪就問：「啊，醫師，你有什麼需要嗎？」

「斯瓦米吉，我們想要一個隔音的房間來靜坐。」

「你們不是一向在醫院辦公樓旁邊的大廳靜坐嗎？」

「是的，斯瓦米吉，但是那邊有噪音。斯瓦米韋達想找個安靜的地方，把他帶領靜坐的口述過程錄下來。」

「你們什麼時候靜坐呢？」

「每個星期日的凌晨四點。」

他說：「好，每個星期日凌晨四點的靜音區。」他就這麼交代下來，可是誰也不知道那句話是什麼意思。

大家猜他會吩咐警衛在那段時間不要讓人出入，或者不要在附近施工。這種做法我們早就試過了，可是仍然擋不住遠處傳來的車聲、音樂聲、狗吠聲和胡狼嚎叫聲。

下個星期日的清晨，我們又聚集在一起，離四點還差五分鐘時，那些聲響仍然清晰可聞。但奇怪的是，當我們四點鐘準時開始靜坐時，房中就什麼噪音都聽不見了。到了五點五分，噪音又回來了。

靜坐結束後，我們去問隔壁房間的人，他們卻說噪音一直沒停過。可是那段時間我們居然什麼都聽不到，連錄音帶都沒有錄到噪音！

一般人以為只要不說話就是靜默。實際上，靜默是一種充實，而不是少了什麼東西。掌握了靜默之道，就能在打坐的坐墊上締造出一個靜音區。我希望大家能夠學會靜默之道，也許五百年後，人們走進你曾經靜坐的房間，靜默會如同大雨一般落在他們的心上。

我在德國有位「心靈上的」女兒，她是位醫師，在我動心臟手術時，一直在旁邊陪著。手術後，我轉入康復病房區。那時，天氣開始暖和了，她就打開了病房的窗戶。「這房間外邊可真吵！」她對我說。

我躺在床上回答她：「那我應該來搗蛋，站在窗前，對著過路的人灑下寧靜！」我希望大家都能學會這個本事，不要站在窗前埋怨「天啊，馬路上可真吵」，而是能夠淘氣地向窗外淋下一桶「寧靜」。

我的上師有個奇怪的習慣（其實他有無數總讓人猜不透的奇怪習慣），多年以來，只要他在房間裡，房中的電視機就永遠開著，晝夜不停，而他並沒有在看電視。一開始時大家覺得好奇，但也不敢問他，後來就見怪不怪了。他知道我們都好奇，可是從來不解釋為什麼。

我也有個習慣，每次到他房中，不會去注意還有誰在那兒，不會去看電視，也不理會電視的聲音。我的注意力完全放在他身上，一進房間看見的只有他。牆上掛的是什麼畫，架子上擺了什麼東西，都與我無關。因為不知道心靈導師會在何時以何種方法來開示，所以我的感官、心思全都集中在他身上。

一九九六年四月，他將要出門去外地，臨行前把我叫去吩咐一些重要事情。那時候他的身體已經非常衰弱，不再有以前如同獅子般的矯健步伐，身體消瘦，說話聲音很低，必須靠得很近才能聽見。而我事後才明白，那是他給我的最後一次指示。

那一天，他房中的電視開得比平時更大聲，他的聲音又是那麼微弱。

我盡可能地貼近他，可是仍然聽不清楚他的話，於是對他的助理說：「把電視機關小聲一點。」我以前從未這麼做過。

忽然，他的衰弱不見了，大師的氣勢又回來了，彷彿全身上下都似從前那般，瞪著如炬的雙眼，聲如洪鐘：「到今天你還沒學會專心！」

我心中一凜，就定了下來，專心聽他講話。

這時，雖然電視還開著，他的聲音又再次變得微弱，可是我卻可以聽得一清二楚。

能回歸自己的內在，時時守住它，這就是一門功夫。很多人對我抱怨，他們實在太忙了，抽不出時間靜坐和學習。有的人甚至對我說：「斯瓦米吉，你說的容易，因為你是住在印度道場裡的出家人，卻不知道在家人過日子的情形。我們都要為生活奔波忙碌，如果你知道外面的現實世界是什麼樣子的，就不會跟我們講這些道理了。」

講這些話的人大概不知道我日常的行程安排，為了讓他們不要再以忙碌為藉口，我就乾脆回答：「我可以告訴你，我的功夫有一半是在世界各地的機場，利用候機的時間來修行的。那是靜坐最好的時間。」這是真心話。坐在機場候機的時候還能做什麼呢？機場沒什麼好看的，候機時與其漫無目的地閒逛，不如用來靜坐。等上了飛機，那幾個小時的飛行時間更好利用。

我甚至能在旅途中守靜。原因很簡單，我會隨身帶上一張寫著「暫時喪失語言功能」的卡片，辦理登機時，把機票和這張卡片遞出去，大家都會同情我，手續辦得特別快。登機時，我把卡片拿給空服員看，他們會立即帶我到座位上，把我當成病人對待，服務特別周到。等飛到了目的地，我的身心都已經得到休息，絲毫不覺得旅途勞頓。

不管這外面的世界怎麼變，我們只要有決心，就可以做一簇穩定的火苗。斯瓦米拉瑪說過這樣的比喻：「想像有一間老屋子，被鎖了四百年，絲毫光芒都進不去。當你打開它的門，裡面的黑暗比石塊還沉重。可是如果你燃起一支小蠟燭，蠟燭會害怕黑暗、猶豫不前嗎？」

我可以鄭重告訴大家：人的內在也有這樣的光，真實不虛。**人以為只有外面的光才是真實的，卻不知道是因為內在有真實的光，外在才有光。**有一個地方，那是宇宙中最光明的所在，是最清澈透明的水晶，是絕對靜止的聖地。那份永恆的寂靜從未被打斷過，連一點漣漪都沒有泛起。它就在人的裡面，從沒有被碰觸過，永遠沒有皺紋。但它並非遙不可及，人要學會進入其中。

每當忍受不了塵世喧囂時，每當心中的思潮和情緒有如流彈亂竄時，每當需要撫慰和紓壓時，人就可以進入那個所在。

我們要記得，讓疲憊的感官休息一會兒，讓心思化成一道綿綿流水，覺知內心那個從未被改變過，從未被外來的經驗所沾染的清澈所在。

去吧，去到內在那個沒有名稱、超越時空的地方。當宇宙的第一道光、第一股音流還沒有從凝聚的光點爆發出來之前，它就已經存在；當宇宙萬物像孩子一樣齊齊爬到神母膝上，再次聚到一起，收束回那一個光點之後，它還依然存在。它，是一個地方，是一種存在，是你的本質。它就是你！

在古希臘的「德爾斐神廟」（Temple of Delphi）牆上，刻著一句名言：「認識你自己」（Know Thyself）。

昨天我在翻一本書，是「拿戈哈馬第」（Nag-Hammadi）的手卷，第一頁就是《多默福音》（*The Gospel According to Thomas*）①：「然後耶穌說，如果天堂的國度是在天空中，那天上的鳥將比你先到達。如果天堂的國度是在深海中，那水中的魚將比你先到達。要知道，天堂的國度在你之內，亦在你之外。」天堂的國度像一道流水，流貫了你。你像一塊漂在海中的海綿，海水既在你身中，也在你四周。

現在體驗一下這樣靜寂的時刻。難道你感覺不到，有什麼東西正在流貫自己的身心嗎？只要體驗片刻就好，什麼都不用做，不需要任何技巧。記住，不用任何法門。就定在此刻此地。

現在，你能不能感覺到靜止？每當你覺得不勝紛擾的時候，就去尋找這靜止之處。慢慢地，就可以穿透自己蓋上的層層紗幔，見到內在的光明自性。只要不停地向內探索，就這麼簡單、容易。

儘管世界永遠不會停下來，但是人的那個本我，永遠不會失去平和靜謐；那個內在的地方，即人的本質，永遠不會受到干擾。

陶匠在做陶罐的時候，會先攪和陶土和水，做出罐子的形狀，刮去不需要的陶土，然後放進窯中燒。陶罐中的空間是誰放進去的？不是陶匠。有誰可以把空間存在倉庫裡，要用時再拿出來？空間永遠存在。我能夠用刀把空間切開，把它刮出來嗎？我能汙染它，或把它變得更清潔嗎？

在古代的哲學著作以及瑜伽經典中，常用空間來比喻我們的靈。靈就是你我的本質。當陶器破碎了，其中的空間去了哪裡？是隨著陶器的毀壞而消失嗎？同樣的，當我們的身體衰朽了，其中的靈就消逝了嗎？

斯瓦米拉瑪常常對我們說，他和他的上師從不分離。後來他的上師離世了，我問他是否還能繼續親近上師。他告訴我，因為沒有肉身的障礙，他覺得反而和上師更親近。現在斯瓦米拉瑪離世了，我發現他說的一點都沒錯。相信他的其他學生也都有同樣的感覺。所以，一旦找到那個地方，並學會隨時進入其中，你就可以心想事成。你一直想著的某人，為他祈禱的那個人，就會出現在你的門口。

我以前只用一個晚上就學會了用義大利語帶人靜坐。這絕對不是什麼奇蹟，也和聰明才智無關。其實，它反而需要先摒棄聰明才智，清除一切心理預設和經驗，除掉沾染本性的塵埃和蜘蛛網，讓自己的心有如一面明鏡般亮潔。

以前有一種教育理論，認為兒童的心理有如「一頁白紙」，教育就是在那頁白紙上寫字。就兒童的心理而言，這理論未必成立，但是成年人的確可以把自己的心變成一頁白紙，如果心性清明，任何事情都能一學就會了。

去年我在德國開了一個創意研習班。我教創意的時候經常會做示範，例如，請聽課的人隨便說一個字，然後我試著用那個字即席作詩。當時我請兩個人各說一字，其中一位提了「燈」字，另一人說了「石」字。如果只是思考，可能什麼詩都作不出來。但是假如能讓心先淨空，結果就不同了。是什麼東西從燈內流出？是光。有如流水的光從燈內流出來；水從石上流過。這樣就找到燈和石的聯繫了——整個宇宙間的事物都是相互聯繫的——詩的主題就確定了。

所以我教創意，是教如何為心靈「消除設定」，不要有任何預設立場，不要有成見。如此一來，不必刻意作詩，詩自然而成，只需順手拈來。學會了這個方法，我們就可以用創意來解決人生的問題。

每當生活中碰到障礙的時候，就試著徹底消除心靈上的束縛和成見，拋開所有恐懼、沮喪、茫然的情緒，看看會生出什麼創意。

我有一句銘言：「智者不以經驗為師。」新的經驗和舊的經驗絕對不會完全相同，過去的環境和此刻的環境也絕不一樣。新的結局不一定會重複舊模式。所以人不能用過往經驗的思維來處理當前的局面，一定要更新思維和方法。怎麼更新？這就要學會為心靈消除那些長期生活薰習而成的習慣和經驗，抹去過往已經駐留的種種印象，以及對於未來的種種假設。

誰知道未來會發生什麼？人要學會定在此刻這絕對的清明與靜止中。靜坐的功夫越好，其他方面的學習就越容易，在處理人生問題的時候也會更加得力。

1. 《多默福音》，又譯《多馬福音》，是一九四五年在埃及的拿戈哈馬第鎮出土的手抄文卷。基督教界對於《多默福音》的真偽仍有爭論。

CHAPTER
03

將「非暴」融入生活

此刻，我身在恆河之濱的瑞斯凱詩學院裡。這裡時常可以聽到對岸孔雀的鳴聲，大前天夜裡還傳來野象的叫聲。現在是清晨四點，四周充滿遠離塵世喧囂的寧謐之美。我不由得想起大家，希望和大家分享這份寧靜，以及這種生活態度。

這裡要介紹一個梵文名詞：vasudeva（內住神明），意思是住在我們之中的唯一神明、內在的神性。我們正是要遵循「內住神明」的道理來生活。

我們宣導生活瑜伽化，即有意識地把瑜伽帶進自己的生活裡。瑜伽的修行有所謂的「八肢」（ashtanga），也就是瑜伽進階上的八個步驟。第一步是「戒律」（yama），共有五種，屬於心靈上的自律。其中開宗明義的第一種戒律就是「非暴」（ahimsa），這個原則應該融入到日常生活中。

那麼，該怎麼做呢？下面我把自己的一些想法和大家分享。

內住神明的根本道理是：所有眾生內住的都是同一神明。這是一種要落到實處的生活態度，不可只是嘴上說說而已。而且我們與各種事物之間的連結必須基於此理。例如，現代人十分強調生態保護：「很多野生物種瀕臨絕種，我們一定要保存地球的生物多元性。」為什麼？「因為這和人類自身利益攸關，這麼做符合人類的利益。」這種論調是荒謬的。人之所以要保護生態環境，不應該是出於這種動機。

人類基於宗教或心靈的理由而禁止直接或間接殺生的歷史，已經有好幾千年了。究竟是為什麼呢？

這是因為人類無時不活在恐懼中。《瑜伽經》對於恐懼的定義是「暴力」。人所恐懼的，不是別人加諸自己的暴力，而是明白自己內在有暴力的成分：「我知道自己曾經加害、傷過眾生（眾生不限於人類），我是他們的死神。」

即使在人睡覺的時候，也有數以千萬計的生命正在遭受殺戮，才能保證人的早餐有肉可吃。人每天早上吃的就是牠們的屍體。那些生命臨終時刻所發出的最後嘆息，和人想到死亡時顫慄的恐懼是一樣的。那，就是人在逃避的念頭。

前幾天，我沿著恆河岸散步，在附近村莊中遇見遊蕩的羊群。我抱起一隻小羊，母羊也跑來蹭我。當時我心中想的是，怎麼會有人忍心咬牠、吃牠呢？

世界上很多民族都有在某些日子不吃肉的習俗，東方、西方都不例外。如果你不是素食者，就試著給自己做個規定，在某段時間內不食任何被殺害的動物，連魚蝦也不例外。

我們先不談這是不是行善、慈悲的問題。**之所以吃素，原因應是在於體認到了眾生內住神明的一體性。**請務必記住，殘害眾生的行為就是在殘害自己，無異於自殺。因為眾生也是我，是那無所不至的大我，兩者沒有不同。我這一生從來沒有殺過一隻蒼蠅，但蚊子是有的。我也希望自己有一天能達到瑜伽大師的修持境地，連蚊子都不會來咬，所以自然不用殺害牠們。這不是神話，我親眼見過這樣的人。

也許有人會質疑，例如胡蘿蔔不也是生物嗎？為什麼吃胡蘿蔔就可以？我的回答是，讓我們先從牛、羊這些動物開始，等到了不用吃東西的地步，再來談植物。大家大概見過怎樣摘胡蘿蔔，可是去過屠宰場嗎？如果沒有，為什麼不去看一看？看過了就知道吃胡蘿蔔和吃動物屍體有什麼不同了。

其次，我們要明白：一切憤怒都是針對自己的憤怒，是自我挫折感的表現。當然，也存在所謂出於正義感，或為了矯正別人過失而生發的憤怒。但是，我們暫且不談這些道德層面上的問題，先從簡單處入手，做個實驗，規定自己在未來一段時間內，要保持一種愉悅待人的態度。這不是什麼慈悲行為，也不是要求大家壓抑自己的情緒。我們不妨自問：如果眾生內在的神明都是同一神明，那我是在對誰發怒呢？時時如此問自己，就可以對治暴力的衝動。

所謂暴力，包括心念和言語的暴力，例如提高音調的語氣就是一種暴力，叫囂、跺腳的行為也是暴力。我們要特別練習避免這樣的暴力。可是，假如你有心理憂鬱，而且被診斷是由於壓抑憤怒情緒引起的，那就不建議做這個實驗。我會建議你觀想：眾生內在都有同一神明。

印度古代有位聖人名叫威亞薩，是史詩《摩訶波羅多》（*Mahābhāratam*）的作者。

他的獨子舒卡德瓦已經開悟，決定捨棄世俗的一切，追尋終極的解脫，於是離家出走。威亞薩非常不捨，追著兒子進入森林中，一路叫著：「舒卡德瓦！兒子！舒卡！」據經書記載，舒卡已經完全和內住神明融合為一，每一片草、每一棵樹、每一條藤蔓、每一朵花、每一座山谷、每一條河流之中，都是他，於是漫山遍野齊聲響應：「父親，我在這兒！」這是多麼美的場景！

我們還沒有達到那種境地，但是總該踏出第一步。所以，第一，不要為了享受口欲而加害眾生；第二，不要拿眾生出氣。這兩種行為都是在踐踏內住的神明。我從來就不同意所謂「適者生存」之類的理論，那只是給十八、十九世紀西方社會的暴力行為找個正當的藉口罷了，所以不要用這種論調為自己辯護。

還有一個實驗，也是我自己時常做的，就是在步行時望著自己每一步落腳的地方，小心不要踩到螞蟻或其他昆蟲。印度的耆那教派就非常注重這樣的行持。建議大家每天外出散步時，注意自己踏腳之處。如果在路上看見蟲子，就觀想自己有著和牠一樣的內住神明。我甚至會在袋中裝著砂糖，看見螞蟻就彎腰撒些糖餵養牠，視牠們如家人。雖然這只是小事一樁，卻會在精神上帶給人極大的滿足感。大家先別做無謂的爭辯，不妨去試試看，就把這當作生命中的一次實驗。

你知道一旦開始遵循「非暴」的原則，人生會有什麼不同嗎？它會幫助人們克服對死亡的恐懼。人恐懼死亡，是因為潛意識裡有這樣的想法：「我曾經加害無數眾生，但願不會得報應。」請不要把上述建議當成死板的教條，要反思它們對心靈的意義，才能真正去實行。

印度的拉賈斯坦州屬於沙漠地帶，但是這大片沙漠中有些與外界隔離的地帶水源充足，樹木繁茂，有許多稀有動物生活其中。生活在那裡的人信奉一種很少人知道的宗教，叫做「畢希諾」（Bishnoi），它的原旨之一是「尊重一切生命」。信奉者很自然地認為自己和周圍的環境是一體的，所以形成了一種共生共榮的特殊生態環境，這才是生態保護應該有的態度。

當然，印度也不是不存在暴力現象，媒體上常常出現暴力事件的新聞。可是，印度有百分之二十五左右的人口，也就是幾億人是終生吃素的。如果有禽鳥在自家窗臺上結巢，印度人絕不會趕走牠。而在瑞斯凱詩這樣完全尊崇素食的地區，鳥類幾乎不懼怕人。

讓你的愛流向一切眾生吧！不論是哪種類型的生命。

去試試前文建議的實驗。你也可以讀讀聖人甘地的傳記。

如果有人和你的立場是對立的，就試著為他的行為辯護，找出有利於他的理由。你和他，和她，不過是同一個海洋中的兩道波，是同一個太陽的兩道光，是同一堆火的兩條焰。請仔細思索這個道理，然後把它轉化為一種態度，讓你的情操昇華，切實領悟到這整個宇宙是一體的。宇宙（universe）的字面意思就是 uni+verse，即整合為一。

有時候，世界之於我，就像是一篇詩。你也可以把自己的生命與周遭的世界變成一篇詩。下決心去實驗一下，你的內心會有一股充實、滿足的感覺。

我時時在為你祈禱。

CHAPTER 04

隱約非暴，謹言慎行

我們先前提過一些理念，以及如何將之轉化為自己的人生態度，應用到日常生活之中，用以規範情緒、塑造人格。所謂塑造自己的人格，就是希望能成為完美的人，擁有神性。所以，我們談過「內住神明」的理念，就是要領悟並實現自己內在的神性。從這個理念引申到必然的道德原則，就是「非暴」、「勿傷」。

我們談論這些，不是為了進行理論探討，而是要將它們切實融會貫通，真正實踐到人生之中，讓它們自然地從自己人格上流露出來，使自己的情緒、言行、人際關係變得更為純真。

大家須知，**情緒是自己選擇的，是一種意志層面的行為，所以情緒的抒發要合乎道德，這是非暴的精義所在。**遵循這種理念會讓你的人生更有成就。這裡所說的「成就」不同於一般世俗眼光中的成就，它是微妙無形的，卻更持久，能帶來更深、更基本的滿足感和愉悅感。大家只要試一下就會明白，我們從塑造自己人格的過程中得到的樂趣是無窮的，比藝術家從雕塑作品中得到的滿足感要大多了。

我們可以先從塑造個人的理想人格開始，接下來就可以進一步為社會做一些決定。換言之，我們可以參與創建社會。不要認為是社會在塑造和影響人，乃至決定人的命運。那不過是廢話，是失敗者的想法罷了。人應該要有勇氣、有擔當來改造自己身處的社會。不過話說回來，人應該先改造自己，做一塊磁鐵，而不只是指標。我們可以讓身旁的鐵磁化，變得充滿生氣；也可以讓接觸自己的人受到感召。我們必須要有這樣的氣魄和抱負。

不久以前，印度有一樁社會性事件，本來是由一群農村婦女發動的，結果在全國引起了很大的迴響。

大家要知道，印度的女性往往備受歧視和不公平待遇，而大多數印度鄉村的婦女，都是城裡那些勢利的知識分子眼中所謂的「文盲」。可是，一代又一代的村婦雖然連自己的名字都不會寫，卻能夠背誦長篇史詩，再把史詩傳給子女。這些史詩中的道理形成了印度人民的道德觀，成為他們的日常行為準則。而且，她們還掌握著一股無形的權力。

話說，印度某地的婦女想禁止男人喝酒，因為村裡的男人常常聚在一起喝得醉醺醺的才回家。男人們將原本應該用於家計生活、子女教育上的錢，都花去喝酒，喝醉了又常常製造家庭暴力，受害者都是婦孺。村子裡的婦女忍無可忍之下，決定號召鄰近村莊的婦女一起站出來反抗。她們採用的方式是幾十年前印度人民用過的，叫做「抱緊運動」（Chipko Movement）。

「抱緊運動」是從前山區的婦女們發起的，當時，她們眼見山林中的古木被外來的伐木者大量砍伐，為了挽救森林，就帶著子女，手牽手將一棵又一棵的大樹圍住。這就是Chipko，其字面意義就是抱住不放。她們所做的，就只是靜靜地抱住樹不放，不訴諸暴力，不辱罵詛咒，不叫囂口號，也沒有標語。她們也沒有經費在媒體刊發宣傳，或動員輿論支持，所能做的就是抱住樹不放。後來這一事件被媒體主動報導，成為國際性新聞，被稱為「抱緊運動」。

現在這些村婦所做的，也是採用和平的手段，以高度的意志力與酒對抗。譬如說，當地政府要拍賣酒店的牌照時，這些婦女就把拍賣場擠得水泄不通，讓拍賣無法進行。她們在拍賣場的牆上寫著「光明、光明、光明」，表示反對飲酒帶給社會的黑暗面，也表示要把喝酒的錢用在家庭的電力照明上。如果有酒販要運酒到村裡，她們就躺在路上，不讓車輛通行。

此外，她們還把家中的酒倒光，不讓男人喝酒。如果哪一個人犯了酒癮跑去酒館喝酒，輪班守候在外的婦女糾察隊就會立即通報大家，等喝酒的人一出酒館，眾人馬上一擁而上，用女人的衣服罩住他，拖著遊街示眾。對於印度男人來說，大概沒有比這更丟臉的事了。這樣一來，這些酒徒的酒癮都給戒除了。

最終，村婦們的家計得到改善，家暴減少了，父親與子女相處的時間也多了。但是當地省政府卻感到頭疼，因為販酒的營利稅是一項重要的地方收入。不過，婦女們意志堅定，她們寫血書簽名請願，送給省裡的最高領導人。最後，省政府出於維護公共利益的考慮，只好撤銷了在這些村莊販酒的牌照。

古希臘作家亞里斯多德（Aristophanes）寫過一篇喜劇，講述「麗西施翠妲」（Lysistrata）的故事。她是劇中女主角，為了阻止當時城邦間的不停征戰，號召雅典婦女對男人進行「性罷工」。這也是利用平和手段，以一己的行為去影響、改造社會。

當然，我不是要勸大家明天就走上街頭去抗議示威，這不是改造社會的根本辦法，社會的不義現象也不會因此消失。要改造社會還是要從改造個人做起，只要自己的心態和行為向善，自然會影響周圍的人向善，然後遍及整個社會。

因此，現在要談的是「隱約非暴」的理念。它不像「汝不可殺生」這般明白精確，而是一種隱約、精微的念頭：「神，讓我不要傷害眾生。神，讓我無所防衛，也不再需要自我防衛。」有一個冷僻的梵文辭彙：Chira-kari（慎行之人），字面意義是小心翼翼、慢慢走路的人。

這個詞出自史詩《摩訶波羅多》，故事的主角是辟師馬，他對一位年輕人說：「你是慎行之人，是受上天祝福之人。」若能做個「慎行之人」，就能塑造自己的情緒，培養出非暴、不傷、不害的做人態度。慎行之人運用智慧行事，就不會違反任何義理。所以我們應當經常祈禱：「願我成為慎行之人。」

但這並不是要求大家應該謹慎考慮股票買賣、等一等再處理公事上的急件、過一會兒再帶孩子去看病，或者推拖逃避碰到的任何事情。它完全不是這個意思。「慎行之人」是一個非常幽深的理念，它能夠淨化人的情緒，對人生有很重要的影響。因此，大家應當仔細閱讀這一篇章，多讀幾遍，體會其中的道理，並時刻自我反省。

那麼，究竟如何才是慎行之人？簡單地說，就是遵守「隱約非暴」理念的人。我們都懂得「汝不可殺人」，這是最明顯的非暴理念，自不必去辯論、懷疑它是否成立，大家對此很容易遵守，不會產生心靈上的掙扎。可是「隱約非暴」就不是那麼容易做到了。我們是不是能夠把心量放大，發願：「願一切眾生不會懼怕我，願我不會對眾生造成威脅。」請好好思索、消化這個道理。

情緒的四種狀態

其實，我們很難做到「隱約非暴」，是因為還不能淨化及管理自己的情緒。人常常讓情緒主導自己的行為，而較少讓理性來主導。我並不是主張大家都應該變成冷面無情的人，而是說，假如你遇到某類事情會自然流露出憤怒，那麼，能不能做出改變，下次遇到同樣事情的時候，讓寬恕成為你的自然反應呢？

也許大家會說，我完全可以處理自己的情緒。請不要太自信，我們真的瞭解情緒嗎？讓我提醒大家去讀一下《瑜伽經》第二章的第四經，經中說，我們的情緒蟄伏在心中，可分為四種狀態，依次是：

第一，**休眠**（prasupta），完全沒有起伏，沒有所謂主體、客體，只是具有產生情緒的能力。一切情緒都在休眠中，等待被喚醒、激發，然後才變成漣漪、波浪、巨濤。

第二，**淡薄**（tanu），情緒被淡化攤薄了。我們如何讓情緒淡化、變薄？是靠培養相反的情緒。例如，當我們保持中立狀態、不預設立場時，就不容易特別執著或厭惡什麼。又如，我們可以培養寬恕的胸懷來取代憤怒。這都是在用不常見的積極情緒來淡化常見的負面情緒。也就是說，把本來覺得不尋常的變成了尋常，本來覺得尋常的，則成為不尋常。

第三，**隔絕**（vicchianna），情緒被分隔、取代了。例如，此刻你和戀人相聚，彼此傾慕，心中充滿愛意。但這並不意味著你只有愛的情緒，如果有情敵出現，你的心中就會生出憤怒、恐懼的情緒。所以，憤怒、恐懼的情緒只是暫時被情愛隔絕而已，但只要一受到刺激就會爆發出來。

第四，**發作**（udara），例如愛欲、貪婪、憤怒、報復、猜忌等情緒浮上表面，形成風暴，摧毀擋在路上的一切，有時甚至頃刻間毀掉自己多年的心血。可是在發作的當下，人會認為那是正當、理性的行為。即使惡人在作惡之時，也會用一套邏輯來美化自己的行為；我們在情緒失控之時，同樣會發明一套自以為正當的邏輯來自我辯護，不要被自己騙了。

所以，管理情緒並非易事，不要以為自己控制情緒的本事有多高。辟師馬即是因此要我們做個慎行之人，在與朋友、親人、部屬交往時需特別注意。他告訴我們，除非已經把所有的可能狀況都考慮周全，否則不要倉促馬上做出令人不快的決定、說出令人反感的話語、做出不利他人的行為。

很多人往往讀了報紙上的負面新聞報導就信以為真，還廣為宣傳。而我從不輕易相信負面的新聞，不管是國家大事還是個人小事。經過多年的觀察和實驗，我深知人心有一種奇怪的能力，可以憑空創造、想像出原本沒有的事。很多時候，我們以為某些事情已是白紙黑字寫得清清楚楚，可是回頭再看，原來根本就不是那麼寫的。

所以，有時即使沒有讀錯文字，也仍然要小心自問是否看過前後文，有沒有斷章取義，並要注意作者寫作的時空背景如何、文風又是怎樣；如果再細讀一次，會不會又有不同的理解？

總之，不要斷然下結論、即刻做出反應，而應做個「慎行之人」。

實踐慎行

有時，我們可能要花一、兩年的時間才能夠決定應該如何回應某個人或某件事，這是我個人的經驗之談。而且凡是沒有親自驗證過的，我就不會回應，也不會勸人去做。

多年前，有人來告訴我，某某人在公開批評我。他是我們同門中人，而且是我非常敬愛、信任的。我認為他的批評有失公允，因此雖然試著做個「慎行之人」，但乍聽到這件事時，內心還是產生了一些情緒。但是我決定不流露出來，不回應。後來，他的批評傳到許多人耳中，那些信任我的人聽了都很難過。

我內心也感到深沉的痛，但既然篤信「慎行」的理念，還是決定不和任何人分擔自己的痛。所以，我暫時不採取任何行動，而是不停地自我反省。過了一個星期，也可能是十天之後，我寫了一封信給自己敬愛且信任的那個人。信寫好後，我只是把它裝入信封，放在桌上。又過了十天左右，我把信拿出來重新讀了一遍，修改了一些不夠委婉的措詞，然後再放回信封並擺在桌上。時間是治療傷痛的良方，又過了一陣子，距離事情發生已經一個多月，我漸漸淡忘了那件事，並在某天散步時，把那封信投進了恆河中，放下它，也放下自己的情緒。

兩天之後的一個晚上，斯瓦米拉瑪忽然來到我房中，談了一些與此無關的事情，其間毫無預警地岔進一句：「順便一提，可沒有人在講你的壞話。」接著他又回到原來的話題。就在那一刻，我覺得那封信已經送到它該去的地方了。

所以，不論受到什麼刺激，不要立即反應，要沉住氣。要記住，人類具有群體心態，個人須為當今世界的總體狀態負責任。因為我們的情緒會融入到世界的整體情緒中，我們所懷有的惡意、傷人的態度、遇事立即反應的習慣，都會變成世界性的負面心態，所以要負責。

自我防衛意識太強的現代人聽到這些話，大概會說：「請不要給我灌輸罪惡感！」然而，我說的並不是罪惡感，而是責任感。

如今世界的大洋中有這麼多核潛艇在巡弋，你我都要為此負責，因為是我們造成了那樣的群體心態。雖然過去十幾年來，國際間開始了限制核武器擴散的談判，也有了一定成效，可是人類即便不再擁有毀滅地球五次的實力，至少還有毀滅三次的能耐。而我們都要為此負責。

幾天前，我在黃昏時分走到學院附近的壩堤上，看見一隻野象從恆河對岸的森林中走出來，步入河中，恣意沉入水裡嬉戲，用鼻子吹出水泡，優雅地向河中的一座島遊去。這景象讓我看得入神，心中非常欣慰：此時此地，這個世界還能容得下一隻野象。

但是我又很傷感，以前野象成群出沒的光景已經不再，像獵豹、白老虎這些動物也瀕臨絕跡。而與之不無關係的是，我曾經生起憤怒的情緒，以刺耳的語氣對助理說話，這些行為化入虛空，成為了世界集體潛意識的一部分。天曉得我們幾十億人都向這集體潛意識裡丟了多少心靈垃圾！該收手了。

總而言之，我要表達的意思是，遇事立即反應是不符合倫理道德的。要忍住。

今後，無論大家遇到什麼事情，譬如有人說了什麼話，或者以為別人說了什麼話、做了什麼事，而自己並沒有聽錯、看錯，都請不要過於堅持己見。要忍住。這就是「dama」，是自制、鎮定、平衡，是「慎行」。

我們應該經常禱告：「神，願我不要魯莽傷德，對人遽下結論。願我保持愉悅和諧，不受躁動不安所制。」

要盡量為對方設想，從各種不同的角度看待對方的行為，去瞭解對方可能有哪些善意的動機，即使花上一、兩年時間也在所不惜。這樣做的結果是，你會免於違犯天理、成為毀滅這個世界的幫兇。難道這個理由不重要？所以，要寬以待人，從寬從善去理解你所見到的、聽到的。

有人問：「如果我並沒有誤解別人的行為，也盡一切可能為人家找正當的藉口，但事實是他確實傷害了我，該怎麼辦？」大家有沒有見過小孩被母親誤會、不公平地責備後，是怎麼對待自己母親的？他還是會跑去擁抱、親吻母親，還可能獻上一朵因為緊攢在手裡而捏扁了的花瓣。這是愛，是寬恕。人生下來都有這種天性，只是在成長的過程中被蒙蔽了。現在要再回頭訓練自己，把天性開發出來。這就是「慎行」。

即使你不在乎這個世界的未來，或將來有什麼樣的人際關係，也應該在乎自己靈性的未來。我將來會生在什麼環境中？我要為自己選擇什麼樣的將來？是要做有智慧的人，還是愚昧的人？為了自己的緣故，也要忍住，不要立即反應。

又有人說：「這話有道理，但是……這麼做豈不會太委屈自己了？我的心理諮詢師、治療師都跟我說，不要壓抑憤怒。」是的，我同意，但我不是在建議大家壓抑自己，而是建議大家要有所選擇。人的選項很多，可以選擇憤怒，也可以選擇寬恕；可以選擇慎行，也可以選擇立即發作。大家有好好想過自己能做哪些選擇嗎？如果你說自己選擇了憤怒，因為這是最自然的反應，那麼你如此選擇的依據何在？是基於什麼理由？它是正確的行為嗎？為什麼？

我為帕坦迦利的《瑜伽經》寫過兩本集注，在這本經書中，我最喜歡的片語是「chitta prasadana」，意即「愉悅的態度」。如果養成愉悅的態度，那麼即使遭受痛苦，我們也能為自己和身邊的人奉上解藥，製造愉快的氣氛，降低痛苦的程度。我們可以像那個被錯怪的小孩，送上一朵花，而不是語氣惡毒的一封信。這樣做，就能在自己的心念中留下愉快的回味，取代原本的憤怒——這不是壓抑。

人會對某些事件生起特定的反應，是因為在潛意識裡習慣性地聯想到了以往愉快或者不愉快的事件。而真正的智者是不以經驗為師的。以前的種種經驗是以前的事，以前的你不是現在的你。由於時空背景不同，所以每一次經歷都是嶄新的經驗、都是全新的情況。既然一切都不同了，就應該依照當下的情形來看待每一件事情，不要受到以前經驗的影響。這就是我所謂「隱約非暴」的原則。

謙卑、熱情與親和力

隱約非暴的另一個原則是：謙卑。如果一個人能夠在心中常想宇宙之大，心態自然就會謙卑。宇宙之中有億萬條翻騰著的白色能量之流，而我們所在的世界，這個叫做地球的地方，只是浮沉在那巨流中的一粒芥菜子而已。

古往今來，地球上有多少生命逝去？歷史上的帝王們頭戴金冠，浩浩蕩蕩統領無數將士，心中希求永生，於是大肆建造王陵、金字塔，做為死後葬身之所。我們絕不可自尊自大，為自己建起虛榮心的金字塔。相對於宇宙之大，人只不過如一個須臾即逝的微生物，搭附在一粒叫做地球的芥菜子上。

人應該時時保持謙卑。印度十六世紀詩人、開悟的聖者徒里思達（Tulisidas）說過，要視所有人如同「拉姆」（Ram）和「西塔」（Sita）①，向他們合掌頷首致敬，因為人永遠不知道神會扮成什麼模樣來對你示現。

很多人對我說，謙卑是行不通的。可是我卻發現，大聲吼叫才行不通，輕聲細語反而有用；無論東方也好，西方也罷，任何文化背景下都一樣，驕傲永遠行不通，只有謙卑才行得通。

我所謂行得通的定義是：這個理念是否放諸四海皆準？能不能適用於所有的國家、社會階層和文化背景？假如傲慢是一個正確的理念，那全世界就應該捨棄謙虛有禮的行為。

假如傲慢是對的，就應該適用在一切行為上，成為行為規範，可是這會行得通嗎？如果不會，那麼什麼才行得通？就是你若鞠躬，我的腰應該彎得比你還低，你若把腰彎得更低，我就應比你更甚，直到額頭觸到你腳前的地面。

謙卑就是一種樂趣，大家應當體驗一下它能帶給自己什麼快樂。有的人可能認為：謙卑在現實的職場中無用，會讓自己不能升遷，搞不好連飯碗都不保。對於這個問題，我現在只能回答：等大家真的達至某個境地，就會有所體悟的。請回想一下，是誰教我們一加一等於二？如果沒有人把這種基礎知識教給自己，我們能有今天嗎？因此，我們是不是應該謙卑待人呢？

自以為有學問的人，更要注意謙卑。大家讀過聖方濟的事蹟嗎？如果沒有，我建議一定要讀。他有一位弟子叫做波那凡圖（Bonaventure），後來被封敕為主教。波那凡圖從未見過聖方濟本人，卻為他寫了傳記。

波那凡圖筆下的聖方濟，從未進過學校，卻智慧過人，為萬眾所景仰。他如此描寫：「這位奉身於神的人，內心無比寂靜，這都得力於他孜孜不倦地專心祈禱，以及經年累月地護持德行。雖然他從未學習過經論典籍，可是卻從無數永恆之光得到智慧，自然洞徹經書之原旨。加以天資毫無染瑕，可以直探奧密之淵。飽學之師猶在門外窺視，虔心慕神者卻能登堂入室。」又說：「他在靜思中來到了永恆之光的鏡前，於神妙的光耀中，心念可以凝視遙遠之地所發生的事，有若只在眼前一般。」

所以《奧義書》中有一句話對我非常重要：「因此，神的子女應該捨棄一切對學問的自負，試著變成孩童。」我把它抄下來貼在案頭警示自己。因為我需要的就是這份童真，這份不傷害他人的謙卑情懷。

大家也應如此，首先，在即將說出令人不快的言語、發出刺耳的音調之前，一定要慎重琢磨。如果是應該說、必要說的，就應非常小心節制、字斟句酌地說出。應讓謙卑成為自己的本能習慣，時刻提醒自己在宇宙萬有之前是多麼渺小。

其次，要保持熱情。別人過生日，我們可以買現成的賀卡來贈送，但是不要忘了寫上一句祝福的話，說出自己為什麼欣賞對方。讓每一個字像一朵花、一顆星、一束月光，像心中清澈湖面的一道漣漪般展現。

再者，要做個有親和力的人。和別人初次見面的時候，可以直言自己欣賞對方哪一點；下次再見面時則提一提上次見面談了什麼，是多麼讓人印象深刻。應當在自己的親和力上多下點功夫，強化它。

假如你對某人有所不滿，而且在注意「慎行」之後，依然確信是對方的錯，又必須告知對方，那麼我的建議是：加一點「樂」到「苦」中。對方固然有不是之處，但是你也要平心靜氣地回想他曾經帶來的歡樂，把美好的回憶放進心念中。記住，在沒有做這一步之前，絕對不要和對方提他的不是！交談時，則應當先褒揚對方的優點，再提起想說的事：「我深深感謝你如此寬宏大量，給了我這麼多支持和歡樂，但是親愛的朋友，我能不能提醒你注意這麼一件小事？」指出對方的錯誤後，可以再把話題帶回到他的優點上。

只要養成了如此應對他人的習慣，我們就會發現自己的人生有多麼豐富。可是大家仍要明白，其中的大前提仍然是真真切切地明白了自己的渺小，從而發自內心地謙卑。如果只是虛偽地謙卑，那就無用。是的，我不懷疑大家都是聰明人，而我以前也自以為是個聰明人，可是在遇見一位真正聰明的人之後，就再也不敢有這種想法了。

我們雖是聰明人，可有具備蘇格拉底那種智慧嗎？假如沒有的話，那麼保持謙卑的心態才是真聰明。有了發自內心的謙卑，自然會得到別人的善意回應，對內在的靈性也會有更深一層的了悟。我們的人生將如詩般美麗，愉悅的態度會滋潤著心靈成長，這股內在的歡喜心能提升智慧，把寂靜的種子種到心田，將之化作自然的人格傾向，就像與生俱來的習性一般。所以我們在靜坐的時候，心中就不會冒出干擾的雜念。若能如是精進修行，靜坐就會像一面鏡子，讓智慧的日光、對人對事的洞見，開始在鏡中反映。

大家知道接下來還會發生什麼不尋常之事嗎？那就是人對時間、空間的感覺都會得到擴展。人變得愈微小，時空感就愈大；人愈謙卑，心胸就愈大，眼光就愈遠。但從另一個角度來講，其實是人變大了。譬如說，我們現在只看到眼前，只知道現在。但是，當時空感得到擴展之後，對事情的解讀和反應就不會基於此時此地的處境，而是能考慮到今後十年的情形。我們會考慮完全不同的時空因素之後才做出決定、給予意見。就我個人的經驗而言，上師所做的一些事、說的一些話，我經常不理解，很久之後才恍然大悟。實際上，我們都要走過一段漫長的路，把自己磨成無比渺小，才能到達那無邊無際的境地。

前文提過，人格是可以塑造的。我父親原本脾氣不好，對很多事都看不過去。那時大概是一九四〇年，我們家住在德拉敦市，近代有名的女聖人「喜樂聖母」（Anandamayi Ma）在市內有個道場。當時，喜樂聖母還在世，常常公開講道。

有一次，我父親走進去，對聖母拜了拜，就在大廳中找了一個角落坐下。去了就坐下來，不要開口求什麼，這是拜見聖人應該遵守的規矩，而且該如願的自然會如願。我父親靜靜坐了一陣，聖母示意他上前，對他說：「花園裡玫瑰花的枝上有很多刺，不要去掐住刺，要捏住花。」然後就示意他可以走了。我父親回家時神采奕奕。

以上就是我給你的建議。去練習「隱約非暴」，把這個理念融入自己的生活，完善自我，這個世界的眾生才能生存相安。如果能夠做到，大家在心靈修行之道上所遇到的種種困難都會迎刃而解。保持心境的愉悅，就可以提升心智、體悟真理。謙卑能開啟智慧之閘，讓千古以來聖人智慧的洪流傾瀉而下，充盈在你心中，你將越來越明瞭自己的方向，讓所有的問題都得到解答。

「噢，可是我在職場中該如何生存啊？」擔心這個問題之前，先問問自己有沒有、能不能把「非暴」的理念應用到和家人相處的關係中？如果連跟家人相處時都做不到，就不要談什麼職場。請把這篇文章多讀幾遍，先從家人開始練習。我祝你能明白自己的無比渺小，從而體悟到自己的無邊無際。願神祝福你。

至於職場中該如何與人應對，我建議大家只需時時觀照自己的心念，不要存有惡意、報復心態。只用最低微的力道來維護自己的立場，能達到效果就夠了，不用多，而且絕對不要懷有一絲的惡意。只要你能如實理解《摩訶波羅多》中的教誨，就一定會成功。

1.「拉姆」（Ram）和「西塔」（Sita）分別是印度神話中宇宙的神、后。

CHAPTER 05

業力來自心印

過去五十多年來，我幾乎去過世界的每一個角落。不論去到何處，不論聽講者有什麼背景，總會有人問我關於「業」（karma）的問題。這說明很多人對這個話題感興趣，卻又不甚瞭解。「業」的確不易懂，不是三言兩語就可以說得清楚，我在此先簡單談談。

業的原理與哲學

提到業，我們首先要明白，它不是教條，也不是什麼主義，更與信仰無關。它是宇宙的法則，僅此而已。

業的第一條原理是：我們的每一個念頭和經驗都會留下「心印」（imprint）[①]**。**這心印不只是留在個人的意識中，也會留在宇宙的意識中，並在個人和宇宙之間許多層次的集體意識中留下印記。

業的第二條原理是：心印必會招致相似的效應。這效應根植於人的內在。當內在的效應累積了相當的勢能，它就會生發出來，變成思想，成為人的外在行為和言語的推動力。外顯的行為和言語又會在人的周圍留下印記，由此招致相似的效應。

此外，心印保留在我們的「細微身」（subtle body）[2]之中。人的一生結束時，細微身並不會滅亡，心印會隨著細微身轉世進入下一生。

我們常聽人埋怨自己命中有太多的「障」，並且怪罪於他人，認為這些障都是別人引起的。還有人把自己的念頭也怪罪於他人，認為是別人把意念輸送到自己的頭腦中，甚至說是妖魔把意念加諸於己，更有甚者，說是被鬼附體了。在西方社會裡，這種人可能會被親友架到醫院去做心理檢查，在有些地方則會被送去看巫醫。在印度，他們不會被架去醫院，不過很可能被送去寺廟。這是比較誇張的例子，其實我們每個人或多或少都有這種心理，如果不是怪魔鬼，就可能會歸咎於鄰居，如果不怪鄰居，也會遷怒於自己的配偶。

還有一種常見的心態，就是宿命論。宿命論者不怪魔鬼，卻認為自己的遭遇是由天上的星座或者掌紋決定的，因此他們做不了主。如果不怪星星和掌紋，他們也會歸因於自己在童年時期遭到虐待。總之，有錯就都是別人的錯，應該讓別人承擔責任。對於這些人，業就是一種宿命，與「命運」是同義語。

近代西方人從波斯輸入了 kismet 這個詞，意即命運。十九世紀末、二十世紀初的西方知識分子非常流行使用這個詞。後來他們遇見了印度的斯瓦米（swami）和瑜伽師（yogi），就開始流行講「業」，動不動就說「這是我的業」。

其實，業的意思不是命運，並無宿命之意。**業的哲學是，人要為自己的行為和遭遇負完全的責任。**業不是從外面生起的，它的源頭不在我們自身之外。我們一定要檢視自己的內心深處，看看自己在意識中留下了哪些心印，而這些心印又會招致什麼樣的效應，當效應生發出來，會在周圍留下哪些新的印記，又招致了什麼反應。

根據業的哲學，人要為自己的心念負責。所有的心印都是人的心念製造出來的，而非出自他人言行。因為外在所發生的一切都會先轉換成人的心念，才能留下心印。換言之，如果人不把它轉化成自己的心念，就不會有業。

這是一個非常微妙的轉化過程。例如，假設你記得所有曾經對自己不利的人，那麼請問你是把這些人放到了自己的心中，還是把對這些人的記憶放到了心中？你的腦袋裡有多少空間來裝東西？所以，我們內在所容納的種種都是心念製造出來的。但是請注意，我講的這種心念是非常細微的東西，不是意識層面上的心念。

心念的生起大致可以分成兩種來源。請注意，只是「大致」，這是比較概略的分法。第一種來源是被外在事件所觸發，第二種則是由內在的事件所觸發。而前者在外在事件觸發後成為我們的心念，也就是轉化成了內在的事件。舉例來說，假如我們在一間教室中，你看見我在你面前講話。這對你而言就是一個外在的事件，你並沒有把我的臉孔裝到腦袋裡，只是把它轉化成了心念。那麼，你的頭腦裡記住了什麼呢？實際上，你記住的並不是我的臉孔，甚至聽到的也不是我的聲音。這個觀念很重要，請務必理解。

人都是通過自己的感官才能認識並經歷外在的世界。除此之外，人無法認知外在事物。可是，感官會誤導人。以剛才的例子而言，如果我們各自畫一張此刻這間教室的草圖。我畫的是從我的角度看到的教室，與你看到的就不同。如果有一百個人坐在教室裡，每個人看的角度都不會相同，畫出來的也將有千差萬別。

另外，如果不畫草圖，而是畫張彩圖，我們對這間教室的詮釋和表達又會不同。人一旦通過感官獲取了經驗，這經驗會立即成為其心念的一部分，也就是融入到了人的心念中。所以，我們見到的事件其實是自己的心所製造，又再次加工出來的影像。這一點，請大家仔細領會。

因此，不論是別人說的一句話、一個字，還是所見到的某個人，任何事件只要一跟人接觸，就立即滲入了他的心念之中。人根本無從認清那件事情的「真實面目」。所以人要隨時質疑自己的經驗，絕對不要以為親眼見到的就是事實。例如，員警針對一樁意外事故詢問十個目擊者，可能會得到十個不同的說法。難道其中九個人是在說謊，甚至十個人都在說謊？究竟誰在說實話，又該由誰來裁定？其實，即使員警自己也是事故的目擊者，他跟你我一樣，也會受到心念的處理過程所限制，也不應該完全相信自己的報告。

曾經有人來見我，稱她的丈夫對她說了這樣那樣的話。我告訴她，不要如此肯定，自己以為聽見了的不一定就是事實。我舉了員警詢問目擊者的例子，她完全理解，也同意目擊者的回憶不見得就是真相。可是一提到她的丈夫，她的反應就是：「噢，不，不，不！我完全肯定聽到他說了些什麼！」

你是否明白這就是在造業？人每一次對事件的真相做出解讀，就是一種行為。概而言之，「在」的狀態就產生了「作為」，「作為」又改變了「在」的狀態。

印度吠陀哲學的主流體系有所謂的六論（六派），其中一派叫做「吠檀多」，他們認為在語言學中，動詞的根基是「在」（to be），其他動詞都是為這個詞設限。「彌曼沙」是另一派，他們認為動詞的根基是「作為」（to do），其他動詞都是從這個詞衍生而來。這就是「業」的哲學思想的發端，彌曼沙因此也被稱為「業彌曼沙」。彌曼沙信奉無神論，他們相信經書是天啟，但是拒絕承認有天啟者存在，同時又重視祭祀的儀軌，以致被人輕視為是只講究儀軌的哲學。

「業」這個字原本的意思就是指「合乎儀軌的行為」，也即「正業」之意。「正業」分兩種，一種是受禮儀約束的行為，例如做某種儀式或是祈禱。另一種是合乎道義的行為。受禮儀約束的行為又分三種，第一是日行（nitya），是每天都應該做的行為，例如要念誦特定的咒語。第二是特別行（naimittika），是在特別的日子應該做的行為，例如每年一次的節日儀式，或是為初生嬰兒或婚禮舉行的儀式。第三是為了滿足某種特別的要求而做的儀式，例如求財、求子嗣等等。這種行為並不是必須做的，而是可做可不做。合乎道義的行為即幫助他人，在古代常指對窮人布施食物、為地方修橋鋪路等等。

彌曼沙學派把這些合乎儀軌的行為做了一番詳盡的整理和歸類，並提出一個特別的概念，就是「業力」（apurva）[③]，這是彌曼沙學派關於業的理論的核心所在。不過，在我所讀過的西方學者關於業的著作中，只有法國學者蓋農（Guenon）在著作中對此有所討論，此外幾乎沒有人提到這個詞。

「業力」表達的是因果之間的關聯。譬如說，人做了禱告、火祭等合乎儀軌的行為，可能在五十年後才結果。這行為和結果之間是如何跨越時空而相連結的？彌曼沙學派的答案是，人的行為，如持咒、祈禱，會產生非常細微的能量，就叫做業力，它將儲存在人的內在，待時機合宜，就會生出果來。他們不認為是有個神在接受人的供養，被人的善行所打動後才用善果來作為獎勵。

彌曼沙的理論是，人的行為與咒語本身，就蘊有能量，那就是神，就是神性。所以，他們主張並不是神塑造了人，反而是人在造神。人能造神，是因為人的善行替他自己生出了神聖的能量。

心印的意涵

回到剛才的題目，例如你們在聽我上課，我要你們把所聽到的寫成報告，就像意外事件的目擊者報告事件經過一樣，可能每個人所寫的都不同。因為我的聲音一接觸到你的感官，就成為感官的經驗，融入了你現有的心念中，成為你以為自己所聽到的。

任何愛戀之語、爭吵言論也都遵循此理。所以，我們應該時時懷疑自己掌握的是不是「事實」，不要隨便對事實做出解讀。也許他並不是那個意思，也許他並不是這種人，也許自己並沒有明白。

關鍵不在於做了什麼樣的解讀，而在於到底是「什麼」在進行解讀。如果你能認清這件事，那麼，你對任何事情的看法都將會截然不同，而且，任何行為和事件都會把你帶回自己的內在。這是一門非常微妙的本事，我們需要不斷提升自己，甚至花許多年的時間才能掌握，然後才能照見自己內在長年以來所積聚的。這也就是「心印」這個詞的意義所在。

我們常常使用「心印」這個詞，卻不見得完全瞭解它所代表的意義。就我而言，在讀到了佛教是如何使用這個詞之後④，才對它有了新的認識。「心印」的梵文是samskara，有「過程」、「運行」的含義，任何正在進行的事件或狀態都是samskara。例如，在講梵文的家庭中，如果要問「飯煮好了嗎」，或是問裁縫師「衣服做好了嗎」，都要用到samskara這個詞，也就是詢問煮飯或是縫製衣服的行為進行到什麼程度了，因此，我們的內在也不是固化不變的。我們的內在不同於房子裡的家具；我們把家具放在屋裡，外出歸來後見到的仍是它的原貌；而我們所經歷的一切、我們的人格，卻在永遠不停地被加工、又再加工，這不斷變動的加工過程就是「心印」。

所以，人不可斷言「我就是這種個性」。這麼說無異於又為自己做了一次小小的加工，等於是在說自己「無法做出改變」或者「不想改變」。有這樣的念頭，就是對人格的加工。如果說「我願意為你把這個習慣改掉」，這也是在加工自己的人格。

心印和記憶不同，記憶停留在淺層意識，我們在第二天還記得自己說過「我願意為你把這個習慣改掉」這句話，這就是記憶。但是心印比記憶更深，同樣一句話會深入到意識底層，就像被投入煉藥的丹爐之中，和其他無數的成分融在一起，再也無法分離出來。

譬如，你說：「你昨天對我說的話，我今天想起來就生氣。」表面上聽來，這好像是記憶勾起了某種情緒反應，是必然會發生的。可是要知道，不同的人聽到同樣一句話就會產生不同的反應。它之所以引起某個人的某種特別反應，是由於他內在的成分「選擇」了做出那樣的反應。這就是心印在起作用。短暫的記憶讓人生起特定的反應，然後這反應又成為一種心念，形成新的心印。這個過程發生得極快，一般人不容易意識到。總之，人無論開口說什麼或者要做什麼事之前，都會先生起念頭。我們應該先自問：如果我起了這樣的念頭，會為自己留下什麼樣的心印？

心印都是我們為自己加的，而我們有選擇的自由。在念頭剛剛生起時，在你要為它塗上色彩、加上情緒之前，請先思量這是不是你要給自己刻下的心印。這個步驟本身就是在加工修練自己的人格。如果能常常有這樣的警覺心，堅持照做，隨著年長日久，你就會變得不同。幾年不見的朋友再次見到你的時候，一定會發覺你的人格氣質有了很大的改變。

所謂「業」，不僅是指任何遭遇都是人自己的行為所造的果。更具體地說，人在做出行為之前，就已經先塑造了自己的人格。人心中存想的神是為自己而造的，人的內在累積著神聖的「業力」。這股能量到因緣具足的時候，就會如同樹木抽枝長葉般自然顯現。

所以，不要問我應該做什麼，而是要問自己，我應該成為什麼樣的人？不要想自己該採取什麼行動才能得到想要的結果；而是要想，我該做個怎樣的人才能得到想要的結果。去找人格的「建築師」，向他索取自己想要的人格藍圖，依照他的藍圖把內心的房子建造起來。這就是正確瞭解業的人應該要做的。

至此，我已從幾個不同的角度來談業，大家需要花點時間去消化，然後付諸實行。這方面可供參考的最好哲學，是印度的《薄伽梵歌》以及中國老子的《道德經》。

前文提到的「心印」，是留存在人心中的印記。大家現在讀這篇文章，即使讀完後一個字都不記得也沒有關係，因為意識底層已經留下心印了。譬如看了一部電影後不記得情節，那只不過是淺層記憶遺忘了。實際上，所有的情節都已經融入觀者的心印，成為其中的一種成分。又假如此刻大家沒有在讀書，而是坐在椅子上看電視，那麼大家的內在所聚集的就是電視節目的心印。

為什麼我們鼓勵大家要參加靈性聚會（satsang）？因為參加者可以聚集到靈性的心印。這種聚會不是研討會，而是與聖潔的心靈一起同聲相應、同氣相求。我們參加這樣的聚會，接受到的不是充滿刺激的電視節目的心印，而是彼此相伴，可以相互提升聖潔的心印（sattvic samskara）。所有聚會者都在互相接收，也在彼此散播心印；每個人的身體語言、表情、眼神、語調，都會為別人、也為自己留下心印。這就是我們能夠做善業的機會。

我以前說過一個故事（印度和中國的西藏都有類似的故事）。每當遊方的僧侶來到村莊時，所有的村民都會前來看他。但村民們不是為了求教問題，而是想要親近他，這樣就可以得到福德（darshan）。他們靜靜地坐在一旁，過一會兒就默默離去。

後來，當遊方僧人再次來到村中，大家仍是都來看他，然後滿足地離開，唯有一位村民始終面帶愁容。於是僧人就問他是不是遇到了什麼問題。村民說：「我有個弟弟是酒鬼，我希望他也能來親近你，從你這兒得到福德，可是卻說不動他。」

現代人有這種問題會去找心理治療師，古時候的人們則是去找僧人諮商。僧人就對這位村民說：「知道了，我會處理。」隨後僧人就離開到別的地方去了。

過了一段時間，僧人又回到村裡。這次他帶來一塊牌子，掛在他借住的茅屋門口，牌子上寫著「慶祝新酒館開張」。那位村民的酒鬼弟弟某天路過時，一看到招牌就立刻進屋。他與僧人四目交投之際，當即進入了另一種醉的境界。

所以，大家若是哪一天看到喜瑪拉雅瑜伽協會舉辦什麼「對治頭痛自療班」、「減壓研習營」，就應該明白我們的真正用意何在。隨著時代變遷，現今的遊方僧人會斟酌當代人喜歡哪一種「酒」，然後將他要傳播的教誨染上適當的色彩。如果有五十個人來參加減壓研習營，其中至少有五位是認真追求心靈修行的人吧？另外那四十五人也不會一無所得，只要來了就會有心印進入他們心中。以後若遇到適當的因緣和時機，這些心印就會發出來。於是，也許是七年後，也許是七十年後，我們又會走到同一條路上。

假如大家都下定決心，從今天起要為提升眾生的聖潔心印而活，為這樣的人生目標做出貢獻，那我們這些老師就可以退休了，我可以躲到喜瑪拉雅的山洞中，再也不用操心。

業會繫縛人

我常常對人講：要在斷食中進食，在靜默時言語，在忙碌中坐禪。大家不論做什麼事情都應該達至這個境界，要在不作為中有所作為。《薄伽梵歌》說：「唯有知道在無為中有為，在有為中無為，才是真正明白『作為』奧祕的人。」假如真能掌握動的功夫，動就能轉化為靜。我們喜瑪拉雅瑜伽機構的徽章中就引用了《薄伽梵歌》的一句名言：「瑜伽要在動中生功夫。」（Yoga karmasu kaushalam）

偉大的商羯羅（Shankara）⑤寫的釋論最妙，他說：「業會繫縛人。」大家要記住，業能繫縛人；人所做的一切行為都會綁住自己。商羯羅又說：「毒藥能致死，但是懂藥性的人卻可以用毒藥來治病救人。業會繫縛人，但是知道如何作為的人卻能夠不受業所繫縛。」有大智慧者可以用業而不役於業，不會把自己拴在不想要的命運中。他能善用業，因而有所為。可是他「有所為而不住於所為」，因而又是超脫、出離的。

所謂超脫、出離，不是說對什麼事都不感興趣。在公司上班的人如果對工作提不起興趣，那可能連工作都保不住。那麼，所謂「有所為而不住於所為」，究竟該怎麼理解呢？

首先，大家要明白，我們的「心」不只是自己所感知的淺層意識，不只是平日思維和感覺的那個層面。心有如汪洋大海，有許多層次，其表層活動與深層活動並不相同。對此，我常以自己的潛水經驗來做比喻。海面波濤湧動，可是只要潛到三米深的地方就沒有波浪了，如果潛到二十米深的海底再往海面上看，還可以看到船底在上下浮動。坐在船上的人感覺船在隨著波浪上下升沉，潛在水下的人卻是處在完全靜止的地方，靜觀海面波浪起伏。在禪定中也是如此，我們去到內心深處的絕對寂靜之處，從那裡可以覺知到表層意識的波瀾，卻能不為其所擾。

其次，我們要像潛水的人，體驗過自心深處的寂靜後再回到海面上，而且不被風浪所影響，不念念執著於自己的行為是否有所收穫。盡本分完善自己，這樣的行為本身就是最大的收穫，其他收穫則都是次要、附帶的。只要完善了自己的行為，自然就會得到其他的收穫。

有時候我受邀為企業界的人士演講，會把主題定為「成功之道不在競爭」。無需和任何人競爭，只須盡自己最大的能力去做好要做的事；你只要關心如何完善自己的作為，竭盡全力去做事，那些把你當作競爭對手的人自然會落後，因為他們不能像你一樣專注。這就是「有所為而不住於所為」的意義，所以真正的善戰者是「戰而不鬥」。

業的範疇很大，本篇只是述說了其中一點。在我寫的《瑜伽經釋論》（*Yoga Sutras of Patanjali*）第二冊中有詳盡的討論，大家可以找來看看。

觀想與領悟

靜坐的諸位，在做完逐步放鬆以及平順呼吸的步驟後，可以進行下列觀想：

進入那沒有方向和處所、沒有時間的洞穴空間。那洞穴空間就在此時此地，密密包裹著你的身體。這就是那洞穴空間，僅有你獨坐其中。

讓身體的靜止深深沉澱到心中。觀想「瓦尤」（vayu）和「心念」滲透了全身上下。「瓦尤」是「普拉那」（prana，是向上的能量，和吸氣有關）所形成的風，正在體內流動。心念被擾動時，「瓦尤」這股生命力就沒有方向，像失控的風暴般竄行。心念穩定的時候，「瓦尤」會成為一股受到導引的力，它的行進是有方向的。

接下來，觀想「普拉那」和「安般那」（apana，是向下的能量，和呼氣有關）。看著這對孿生的氣如何在身中流貫，在每一個細胞散逸、充盈。同時，心念也隨著它們的流動，在同一個通道中一起升降。心念上升，可體驗到愛和奉獻在生起。心念下沉，帶來的是上蒼的加持。請體會這些能量在脈絡中流動時造成的細柔的牽扯感。

現在，把所有的「普拉那」和「心念」都集中到臍輪，在那兒找到自己內在洞穴的入口。這洞穴連結肚臍直到鼻腔，是呼吸之流和氣之流的通道。體會呼吸在其中穿梭，觀想這條通道是一道非常細微、筆直、如閃電般的光線，你的「普拉那」、心念、呼吸在其中升降。

你的有關咒語的念頭也隨之升降。當念頭升到它的頂端，來到眉心的位置，請不要停頓，立即下沉。當念頭沉到底端，來到肚臍的後方，請不要停頓，立即上升。讓念頭順著這道光不停地流動。

現在，把你的心念從內在的洞穴引出來，帶到位於眉心的眉間輪（Ajna Chakra）。這裡有個橢圓形之物，如水晶般放射出無色的光芒。這是光的現形（joytir lingam）。請把心念帶到這發出如火焰般純淨光芒的水晶，體驗咒語在水晶中振動。

隨後，從那水晶進入心念所在的洞穴，它位於頭顱內。讓這洞穴的空間完全被咒語填灌。繼續體驗咒語充塞在頭顱內的洞穴中。

接著，觀想洞穴中咒語的聲音集中成光明的一點，位於洞穴頂穹的正中央，像一顆明星，隨著咒語的誦念而閃爍不停。然後繼續觀想咒語有如明星般閃爍著，享受這幅景象。

現在，暫時讓閃爍停止，心靈變成了完全靜默的斗室。在靜默中，那顆明星再次出現、閃爍。但是，心靈的其他所在仍然處在靜默中，唯有那顆明星在閃爍。

最後，和你的咒語再一次去到那發光的水晶入口。咒語在水晶中振動。觀想呼吸在頭部的中脈（sushumna）流動，從水晶流到鼻孔之間的鼻端⑥。呼吸不是在左邊或右邊的鼻孔進出，而是在它們中間流動。

繼續體驗這樣的呼吸，用雙手輕輕蓋住雙眼。保持對呼吸和咒語的覺知，輕輕在掌中睜開眼睛。雙手合十置於胸前，俯首禮敬我們傳承的諸位上師，向內在的神性致敬禮。接著請放下雙手，仍然在那份寂靜之中沉坐片刻。再立下決心，要在這一天中，不斷回到那份寂靜裡。願神祝福你。

剛才我們做了一次不同於往日的靜坐，目的不是要大家改變靜坐的方式，而是介紹另一種法門，讓各位體驗一下。不過，大家平日還是應該繼續用原來的方法靜坐，不要操之過急，試圖自己用這個法門來修習。因為其中的步驟極易混淆，結果就會適得其反，請務必注意。

這也是大師們不輕易傳授特殊法門的緣故。靜坐的法門非常多，每一種法門就代表一條路，不同的路會通往不同的地方。每個人因為習性不同，就要使用最適合自己的法門，依照老師教的方式去做，不可貪多貪快，否則就會走冤枉路。而且，剛才我引領大家觀想自己的兩個洞穴，但除此之外還有許多洞穴，那麼自己究竟適合守哪一個？這一定要由非常有經驗的老師來教導才行。

法門太多，只有真正的大師才能全部精通，因為他們是過來人，在修行的道路上已經踩遍了所有的大路和小徑。有一次，上師教了一種很複雜的法門，我回去後自己練習。第二天他把我叫過去，一一指出我在自行練習時錯過了哪些步驟。這便是大師和像我這樣的小人物之間的不同之處。

佛教裡有很多類似的故事。其中一個故事說的是，佛陀有個弟子叫做目犍連，年紀很大，修為極深，帶領著許多徒弟。他讓其中一位年輕的弟子去做「不淨觀」，即觀想自己肉身的膿血、腫脹、潰爛等情形，從而不再執著於肉身。在修習這個法門時，去墳場靜坐更容易觀想。

這年輕人十分努力，可是花了很長時間都無法進行觀想，難以進步。目犍連只好帶他去求教佛陀。佛陀就告訴他，你這弟子過去五百世都是做珠寶匠，看慣了美麗精細的物件，你讓他去觀想不淨之物，當然無法立刻做到。於是，佛陀就讓年輕人跟隨他去散步，他們走到湖邊，看到了湖水中盛開的蓮花。（東方的哲理中常提到蓮花，它在心靈和修行上都有非常重要的象徵意義。）那年輕弟子見到美麗的蓮花非常開心，佛陀就叫他摘一朵帶回去觀想。

大師讓弟子做什麼事都是有原因的，佛陀當然也是別有用意。年輕人凝視著蓮花就很容易觀想，他正以為自己終於找對了法門，不料蓮花當即就枯萎了。當然，佛陀有沒有用神力讓蓮花枯萎我們不得而知，但年輕人當下就領會了無常的道理。⑦

跳出業的束縛

一切事物都是隨時變動的，但是人的感官遲鈍，所以覺察不出細微的變化。而且人對於自己愛慕的事物，總是希望它能夠恆久不變。所有的禪修哲學都會告訴我們這個道理。譬如你此刻坐的椅子正在分解，只不過分解的速度相對較慢，你察覺不到，所以就認為椅子是固定不變的。我們對於自己的身體，對於所愛的人，都有同樣的誤解。

人每天照鏡子，日復一日，覺得臉孔並沒有變化；可是時間一長，二十五年後還會是同一張臉嗎？你在讀這篇文章的時候，你的身體也在變化。假如你可以看見它此刻正在進行的變化，以及一百年後將變成什麼模樣，是否會對自己如此愛護的「這個人」產生不同的看法？

佛陀借著蓮花讓年輕的弟子領悟到，美麗的外表畢竟是無常的。我們所鍾愛的事物，不管把它抱得多麼緊，也都不可能長久存在，終將從指縫間流失。這並不是悲觀論調，不是說我們不必欣賞世間萬物的美麗。我們大可以去欣賞、去愛，只是不可抓著不放。心裡要清楚，它不是固定不變的，「變」才是它的本質。

根據前述這個故事的主要用意，是希望大家能明白，無論你此刻在做什麼，都是習氣使然，而習氣是可以改的。對於自己是什麼樣的人，包括人格特質、心理、偏好等，我們大多已經形成了一種看法。但實際上，我們完全可以試著用不同的眼光來看自己。同理，對待同樣的人和事，都可以因為習氣的不同而有不同的觀點。

人多半以為自己很客觀，卻不知自己其實完全不客觀。人的觀點是受到自己的心理習慣所拘束的。人本身就是自己的腳鐐，而每次落入習慣性的思維窠臼，就是又一次把那腳鐐束縛得更緊。上師以前常常逼我去做一些會讓我產生抗拒感的事，有些是我不喜歡的，有些是我認為超過能力範圍的。由此，我發現每一次都必須改變自己僵硬的觀點，把眼光放長、放寬，試著站在不同的角度來看同一件事，結果就會有所區別，才終於理解了他的良苦用心。

前文提到「心印」，其效應之一就是束縛、綁住人。它是如何做到的？因為是人自己讓它綁的。

所以每當做選擇的時候，請先想一想，會不會是過去留下的心印把自己給綁住了，使我不由自主地傾向於做出某種選擇？而我是不是能夠跳出這樣的惡性循環，勇於做出相反的決定？接下來，就是真正的考驗。在勇敢地做出相反的選擇之後，它就留下了新的心印，那麼下一次能不能再選擇與現在相反的決定？

此外，你能用同樣的心態來欣賞兩種選擇嗎？住在美麗的湖中小島上固然樂趣無窮，但住在沙漠中也自有妙處。要能以同等心態去欣賞它們。去了沙漠，就不要哭著要回島上的家；去了島上，就不要再懷念沙漠。

能夠達到這種境地，方可跳出業的束縛。不要陷入以前所作所為的老路，要從那個循環的圈子中跳出來！此後，我們的所作所為應該是無私的，不要斤斤計較行為的結果。

須知，只瞭解業是什麼還不夠，我們還得從具體的實踐開始做起。不要只是坐在那兒安慰自己：「唉，我該受業報，所以才遇到這種人，才有這種工作，才住到這樣的房子，才有這樣的遭遇，我還能怎麼辦？」這不是業的道理所在。

試著去靜坐吧，這樣可以幫助你提升智慧，跳出習氣的困境。在靜坐時，一坐下去就全部放下，把過去的所作所為全放下，把所有的雜念、習氣、人格特質全放下、擺脫；要給自己一顆清新的心。每一天都應該是新的一天，不受昨日舊的習慣模式所拘束。

斯瓦米拉瑪常說：「我的信條是征服。」要征服的是習氣，是心所受到的薰陶。例如，人薰陶自己的心，要在別人挑釁時做出憤怒的反應，這就成了慣性。所謂征服，就是能在別人挑釁的時候報之以微笑。那就叫做自在。

---

1. 梵文 samskara 這個詞，譯者本理解為形象化的列印或者銘刻在意識中的痕跡，所以人心中有著無數道刻痕。讀了斯瓦米韋達這篇講稿，才明白所謂心印留在意識中是近似染色的化學作

用，而不是打刻的物理作用。譯者也考慮過借用佛教的名詞「熏習」，但是熏習的梵文似是 vasana，而非 samskara。斯瓦米韋達使用的英文翻譯是 imprint，所以在本文中將其翻譯為「心印」或「印記」。而 samskara 這個名詞的意涵在佛教界也是頗有爭論的。

2. 根據印度瑜伽和僧伽（數論）派的說法，細微身是一種「載具」，本質仍然是物質，具有生滅和變異的性質，並不是指修行時要終極證悟不生不滅的那個「本我」（atman）或「神我」（purusha）。

3. 譯者在此借用佛學的用語，將 apurva 翻譯成「業力」，但這個詞的字面意義是「之前」。

4. 斯瓦米韋達這裡指的是佛法中五蘊之一的「行」蘊，常見的梵文是 samskara。也有作 vanasa，但按照斯瓦米韋達的理解，意義就和 samskara 不盡相同。

5. 商羯羅是八世紀時的印度大哲，復興了印度傳統哲學，其在全印度布建的宗廟系統，沿襲至今。

6. 此鼻端是指鼻粱骨與上唇人中交會的那一點（在人中的頂端），而不是在鼻頭。

7. 漢傳佛教流傳的另一個版本是，目犍連收了兩個弟子，教其中一人做數息觀，另一人做不淨觀，但兩人都無法觀想。目犍連就去請問舍利佛，舍利佛說，第一人前世浣衣為生，習於洗濯，應該修不淨觀（白骨觀）。第二人前世鍛金為生，習於風爐，應該修數息。兩人互換了方法，果然成功。

CHAPTER
06

從生死的束縛中解脫

Om ~ Om ~ Om ~

請接受來自印度恆河的問候與祝福。此刻，我在這條聖河的岸邊與你相逢。

恆河是一條充滿矛盾的河，然而一切矛盾又在其中得到化解，因為彼岸即是此岸，此岸即是彼岸。假如你站在河邊，要過河去到彼岸，可是等到了另一邊，你絕不會說：「我此刻是在彼岸。」你會說：「我此刻是在此岸，而剛才是在彼岸。」那麼你究竟有沒有過河？答案是，不論此刻身在何處，你仍然是在「此」岸。

河的兩岸會在哪裡相逢？答案是：在恆河之中，但不是我此刻所在的這條真實的恆河。也許你認為自己距離這條河十分遙遠，而我是在喜瑪拉雅山腳下。其實不然。如果抱著那種觀念不放，就仍然會有「那條時空之河」的「此」岸和「彼」岸的分別。你可以靜坐觀想，自己是坐在一條河邊，河的彼岸即是此岸，兩岸終會相逢。

恆河是印度人心目中的聖母，我們時常唱誦〈千名頌〉，即恆河的一千個名字，其中之一是 Brahma-randhra-samudbhava，意即「她源自頭頂囟門」，也就是頭骨接合之處。我們並非對坐在那條時空之河的兩岸，而是坐在恆河——那條源自於頭頂囟門之河的同一岸邊。能坐在同一條河邊，我們應該非常快樂。

不論身在何方，大家都可以把自己送到那條河邊去。只要閉上眼睛，讓感官靜下來，當下就到了。人生的許多旅程都要「動」起來，跨過時空的距離才能完成，只有這趟旅程是要「定」下來才能到達。所有的時間和遙遠的空間都會來到你這一邊，來到你的岸，讓彼岸和你所在的此岸合併。

這個世界發端於不安定，發展之路同樣不安定。東方社會原有的寧靜安定已經不復存在。欲望和貪念不停地在我們擁塞的心中推撞，「定」似乎成了遙不可及的夢想。越是能夠瘋狂地擺動身體，大家就越以為你的精力旺盛。人們飽受那種無邊的飢渴所折磨，卻不願意去往那條從頭頂囟門流出的，超越時空距離、寧靜無波的河流解渴。

有很多人會持誦〈彌瑞・用駕亞咒〉（mrityunjaya），其字意是「折伏死亡」，這是戰勝死亡的咒語。說到這裡，又接觸到了「此岸」與「彼岸」，也就是人觀念中的「生」和「死」的區分。有人會想：「假如能學會怎麼用這個咒語，應該可以活得長久一些吧？」可是，要活多久呢？不管能活多久，人都不會滿足的。在靜定的時刻，永恆的時間將凝縮為一瞬，吞噬了過去、現在、未來，而就在那一瞬中，入定者已經活了永生。除非能學會活在那一瞬中，否則人是不會滿足的。

那麼，究竟這個咒語要折伏的「死亡」是什麼？這裡所謂的死亡，是指那種此岸和彼岸對立的觀念。「折伏死亡」對於追尋靈性的人而言，是要克服關於生和死的錯誤觀念。讀到這裡，請先停下來想想自己對於生和死的錯誤觀念。

〈彌瑞．用駕亞咒〉的目的不在於祈求克服肉體的死亡，因為物質不能背離消亡的原理。①而把我們推向消亡的，正是心內的躁動不安，它在不知不覺中磨損生命。凡是合成的，必有崩壞的一天。希望肉體長生不老的念頭，是不可能實現的妄想；唯有改變區分生死的錯誤觀念，才能克服死亡。

人之所以會覺得生和死相對立，是因為他還沒有學會去坐在那條源自頭頂囪門的河流邊上。那條河的兩岸是相連的，所以岸並不存在，只有河在奔流。

岸不存在，只有河在奔流，所有的區分和對立都化解了。這就是咒語所祈求的解脫（moksha）。咒語的關鍵所在就是 mukshiya：願我得解脫。從哪裡解脫？從所有的束縛之中解脫出來。**束縛就意味著死亡。**願我們得以從束縛，從妄想的時間、空間，從宇宙中的種種界線中解脫；從我們在每個剎那中所建造的禁錮自己的堡壘裡解脫。「分離對立」的迷思猶如牢籠，我們不管走向哪裡，都隨身帶著。克服那種迷思，才是真正的解脫，才是我們的抱負。

不幸的是，幾乎沒人有這樣的抱負。即使時下那些所謂的聖人，內心渴望的仍是公眾對他的肯定；所謂靈能治療師公開宣傳他的本領，是希望有更多人去找他；所謂心靈導師是要大家承認只有他才是導師，其他人都不夠資格。這些表現都是不安全感在作祟！

不安全感的情緒就是一種束縛，而他們還沒有克服。這種不安全感，來自於對死亡的恐懼，他們害怕那種一閃即逝的滿足感的死亡。**而真正解脫之人是在每一剎那中都覺知到自己的永恆。**

例如，有人想：「啊，如果我改個名字，也許就會轉運了。」這也是同一種不安全感在作祟。有一種說法叫做「應斷」，意思就是應該斷除的。只有當所有「應斷」的原因都清除，生命中再無任何事物需要斷除，瑜伽師才能夠宣稱：「我已證到三摩地大定，以般若智慧得見自己清淨的本性，知此肉身非我，思想非我，各種貪欲、傷慟、忿怒、恐懼之情皆非我。」《瑜伽經》第二章第二十七經講的解脫，就是這種境界。

為《瑜伽經》寫注釋的古代大師們說，只有在完全除去七種「應斷」②之後，才有可能生起般若智慧（prajna）。「知」，求知。這是一種應斷的欲望。「卻」，慣於退卻、放棄。「攫」，是「卻」的反面。「作」，不知道自己該幹什麼，無聊透頂，想做點什麼事尋刺激。整個宇宙都在人的心中，可是人仍會覺得無聊，所以會在臥室、客廳都裝上電視機。

不如閉上眼睛，進入自己那無窮盡的內在吧。你會見到那無始無盡、無邊無際的虛空，然後超越，也就是超越「慟」、「懼」，和猶豫不定的「疑」。

定下來，朋友們，要定下來。進入那個神祕的地方，那是天授的樂土。當你定下來祈禱或是靜坐的時候，要覺得自己好像歷經了漫漫長路上的熱和塵。就像那位時間的旅人，已經走了一千輩子，心力憔悴，終於到了這條「定」之河。這是一條無岸之流，其中流淌的是純淨的「生」力、「覺性」。它是神聖的恆河，源頭是我們頭頂的喜瑪拉雅山。現在，你來了，進入其中，領受了洗禮。

世界上所有的宗教都強調洗禮的重要性。耶穌浸在約旦河中受洗。印度的「大壺節」（Kumbha Mela）期間，有時候一天之中，多達五十萬的朝聖信眾會在同一個地方走入恆河進行神聖的浸浴。回教徒去麥加朝聖時也有類似的行為，他們要去觸碰麥加的神聖泉水「贊贊」（Zamzam）。

印度聖哲卡比爾說的也妙：「如果你可以進入自己的定，在其中浸浴，又何必長途跋涉呢？」在持咒或靜坐的時候，不論時間長短，都應該有一種在塵土飛揚的路上走了一千輩子，經過旅途勞頓後浸浴在清涼河中的感覺。當浸浴完畢，感覺已經洗淨自身，就可以期待著下次再回到同一條河中沐浴。

或者，你可以在那條河邊為自己築間小屋。不需要用到任何材料，反而需要拆除一切建材。佛陀開悟之後說的第一句話是：「啊！我見到造屋子的人了，他將永遠不再替我造屋子。」一旦拆毀了限制住自己的一切，就能住進這河邊的小屋中，永遠不用再度踏上旅程。那無時無刻不來騷擾的忿怒、傷慟、不安全感，就是死亡的表現，而你，已經征服了死亡的恐懼。

自己有大愛，就無懼失去愛。自知有大愛的胸懷，就永遠不用擔心失去別人的愛，就不會自怨自艾沒人愛自己。能付出愛，就不可能沒有人來愛。只是，如果從來沒有愛過那超越了此岸和彼岸之分別的自性，那麼你就是從來沒有愛過，沒有愛過神，沒有愛過你的伴侶，即使你們已經共同生活了幾十年。

建議大家花點時間，好好參究一下這一篇所談的，在坐著、站著、走在路上的時候，都可以參究。

很多人想要靜修，但是沒有時間。我建議大家不如關掉電視機，把不看電視當作靜修的練習。「啊，可是我的家人要看電視。」那就讓他們去看，你可以陪坐一旁，可是你自己的電視是關的。我們可以用心靈的眼睛向內看，只是外表上好像是在看電視。不必讓人家覺得自己在裝聖人。

有人來問我：「我已經接受啟引，有了自己的咒語，今後的人生要朝修行的路走。可是我的丈夫不是。那我是否該離婚？」對不起，我們不搞破壞婚姻那一套。如果真是修行之人，就去愛他，去愛她；更加地愛對方，那才算是個修行人。

所以，用不看電視來練習靜修，做為傳承上師的供養。持續的時間可以是十天、一個月、四十天……自己制定即可。你能在這段期間守靜嗎？守什麼靜？讓自己的感官安靜下來，止住欲念，這就是守靜。雖然這期間會錯過最喜愛的節目，不過以後還有別的心愛節目可以看。可是，當你出自愛心地陪同家人坐著的時候，他們在看外面的電視，而你自己內在的電視卻沒有打開，那你錯過的可是你的自性。

一旦能夠當面見到那永遠靜止的自性，此後人最心愛的節目就是在其內在上演的，那是人的默誦咒語，是人的靜默與寧適。把它裝進人的容器裡，當人在那條河裡浸夠了走出來時，他的容器是滿溢的。所以，你就是一條河，任何人都可以在其中浸浴。人人都在你的披肩的庇護之下，而你不需要庇護。那就是祈求解脫的意義：願我得解脫。

我為你祈禱，願神賜你解脫，願你的自性賜你解脫。如果現在不行，大家可以等會兒找個機會安靜地坐著，覺察身體還有哪裡不安適，這是因為氣、能量流不通暢，被堵住了、打結了。那就把它打開，放鬆，讓心念順暢地流動。讓我們在源自頭頂囟門那條河流的中岸相會，進入那條河中浸浴。

接下來的二十到二十五分鐘內，我們就沉浸在那條無聲的靜止之流中。要堅定地告訴自己，身子不能動，連稍微的抽動和搔癢的念頭也沒有。如果有干擾，請堅持抵禦，不要動搖那保持絕對靜止的決心，首先進入身體的靜止，接著保持均勻的呼吸，然後潛進寧靜的心池。進去，潛進去，能多深就多深。接下來的二十分鐘裡，就留在那兒。出來後要發心時時回去，再回去。記住，這不是在忍受，而是在享用。

願神，願上師的傳承祝福你。

---

1. 斯瓦米韋達在一個「彌瑞．用駕亞的祕密」的專題系列演講中提到，本咒語真正的用意在於求解脫，但是虔心持咒確有治病之效，不過要經過上師傳授，虔心持兩千萬遍以上，還要配合一定的觀想，才會有所求的效果。
2. 七種「應斷」是：知（jijnasa）、卻（jihasa）、攫（prepsa）、作（chikirsha）、慟（shoka）、懼（bhaya）、疑（vikalpa）。

CHAPTER
07

向內心朝聖的旅程

想像一下，有個人要出海，卻搭上了一條拼湊造成、只能勉強浮水的船，他可以航行到彼岸嗎？

有個人要攀上屋頂，卻只有一把歪歪扭扭的梯子，他能順利爬上去嗎？

有個人要織一張地毯，可是經緯線的分布完全不規則，甚至有些地方缺了線頭，結果織出來的「地毯」可能會被視為現代藝術品，卻不能當地毯使用。現代人的生活越來越像這樣的「地毯」，變得毫無準則。

我常常對人說，人類的危機在於淡忘了同生共濟的價值觀念，而過分強調個人主義、隱私、分離。

人生的儀禮與規畫

這是個文化層面上的問題，而我所說的「文化」，是指「情感的養成」。我一直想談談對現代文化的看法，但因為不想傷到他人，所以每次話到嘴邊就忍住了。然而，無論東方還是西方的傳統文化，都有一個共通之處，就是在人生的每個重要轉捩點舉行某種儀禮，用來彰顯轉變、過渡，這個話題應該不必避忌。

這裡說的儀禮，不限於出生時的洗禮、結婚時的婚禮、臨終時的祈禱禮之類，還包括了有關人生規畫、各種循環的儀禮。例如每一天是一個循環，即日輪迴。同樣的，年有年輪迴、人的生生世世也有輪迴，這些都有相應的儀禮。現代人對於這種儀禮越來越不重視，不瞭解它對人生的實際意義。今天研究人類學的學者，常跑到天涯海角去觀察和記錄某個部落的特殊行為，卻不回頭反觀現代社會。我們的生命已經失去了某種精神層面的意義，儀禮的內在價值也就失去了。

但是，儀禮和現代的俗世生活並不是必然衝突的。例如在亞洲許多地方，很多人的車中擺著或吊著神聖的吉祥物；印度司機每天第一次坐進車子的時候，會雙手合十舉在額頭前祈禱片刻。這是一種將要開始開車的儀禮。駕車經過河流時，是從河的此岸過渡到彼岸，他也會默禱一番。經過神廟、聖地時也是如此。這些活動意味著某種轉折和過渡，都有適當的儀禮。

我們在家中用餐前，可能會和家人一同祈禱，這也是一種儀禮，可以讓身心過渡到進食的狀態。可是如今很多人一坐下來，就迫不及待地張口大吃。還有的家庭，人人各自進食，先到先吃。這樣用餐，吃進去的食物不要說淨化心靈或是轉變心情，甚至對人的身體都不會有任何幫助。用餐的儀禮就是一種文化，而在今天，這種文化已經逐漸消失了。

而且，儀禮要出自虔敬的心態，才能對心靈具有某種價值，否則就只是形式主義。在日常生活中，我們做的很多事情其實都是儀禮，只是我們不明白，知其然而不知其所以然罷了。

有一位女士對我說：「我不相信任何形式的儀式。」

我看著她的手指，問她：「喔，這是什麼？」

她說：「是我的結婚戒指。」

我問她：「你不認為儀式有任何意義，可是卻戴著結婚戒指？戴戒指是不是一種儀禮的表徵？而且，為什麼你的戒指要戴在那隻手指上，不戴在別的手指上？這又代表什麼意義？你說你不信，其實是信的。而且你還有很多行為，都是為了某種儀禮而做，只不過不自知罷了。」

據說前蘇聯政府不允許人民在教堂結婚，所以他們建造了特別的禮堂，布置得莊嚴美麗，以供人民舉行婚禮之用。禮堂中還懸掛了列寧的肖像以作見證，結果這還是成了一種儀禮。結婚是人生大事，是一個重要的轉捩點，需要舉行某種特別的慶祝儀式，這是人類心靈深處的需求。

現代人在物質享受方面比古人優越很多，可是卻有那麼多人不快樂，為什麼？因為我們扔掉了自己的文化，拋棄了精神哲學，忘記了很多儀禮的心靈意義。我不是主張東方哲學比西方哲學好，這種比較並無意義。哲學就是哲學，是沒有東西方之分的。問題在於我們能不能吸收、消化哲學思想，然後付諸實行，以之來構建人生藍圖。

一般而言，西方人喜歡談計畫，生活中事事講求規畫。例如，孩子去什麼學校讀書、拿什麼學位，乃至企業的運作、個人的工作都要按計畫進行。印度人也講計畫，但是如果沒有人按計畫辦事，它就是無用的。

當一九四七年印度脫離英國獨立之際，西方的主流輿論一致認為印度會垮掉。到今天，印度在西方人眼中還是一盤散沙。以交通秩序為例，沒有人遵守路面上的行車線，汽車、機車、人力車、行人各自找路線行進，當然還有牛隻到處遊蕩。西方人覺得混亂、不能忍受，印度人卻若無其事。為什麼？因為這種情形表面看起來沒有秩序，內在卻是有所規畫的。不必去上什麼課程或做什麼心理諮詢，這種秩序感來自於印度兒童在家庭中所接受的情緒控制的教育，是從小培養出來的。

我可不是主張交通混亂是好現象，而是希望大家能反思一下，花這麼多時間和精力來規畫生活之餘，如果能從中抽出一半時間來培養自己的個性，塑造心靈的價值觀念，改善人際關係，建立一套人生觀，這世界絕對會變得比計畫中的更好。

對於大多數人而言，死亡非常可怕，所以這是一個禁忌的話題，沒有人願意去討論。為什麼人會懼怕死亡？因為人缺少對人生的規畫，對於生命中的其他轉捩點都不會加以規畫和進行虔誠的慶祝，自然也不會認為臨終這個重要的轉捩點有什麼值得慶祝。可是我要勸大家，應該為臨終做好思想準備。

有時候我故意問別人：「告訴我，你對自己的未來有什麼打算？」

「啊，喔，嗯……」這是多數人的反應。

「你五年以後想要做什麼？五年後希望變成什麼樣的人？」

「喔，我沒想那麼遠。」

但是，假如我們目標明確，十分清楚下一步要做什麼，就會很有滿足感，知道自己該往哪裡去。我說的不是計畫從事什麼職業、怎麼發展事業之類，而是指對下面這些事要有計畫：希望成為什麼樣的人，在這一世人生終了的時候能是個什麼樣的人。可是，當我問你對未來有什麼打算時，意思還不只如此。我要問的是，你計畫下一世要在哪裡出生呢？有任何計畫嗎？有沒有想過這個問題？

很多人對自己的一生有很多牢騷：父母沒有管好我，學校沒有好好教育我，結婚對象不理想，子女不成器，遇到的老闆不好，社會有太多的問題，政府太無能，國家領導人……既然對這一世不滿意，那就請好好計畫下一世吧。

你想過下輩子要做什麼樣的人嗎？如果希望下輩子的人生能夠更理想，這輩子就先開始實踐吧。去修那樣的業、造那樣的心性、讀那樣的書、想那樣的念頭、持那樣的咒語、做那樣的禪修，下一世自然會比這一世好。不要推說自己沒時間做這做那，或不能躲到深山裡去修行，只要改變心念，用不同的意念去做同樣的事，就會收穫不同的心靈意義，進而實現你的規畫。

不只是死亡，我認識很多接近退休年齡的人，他們同樣害怕退休，不知道以後的日子該怎麼過。為什麼會感到惶恐？因為他們把工作、職位當成了自己，以致沒有了它，會覺得自己不存在了。所以很多人退休後身心就退化了，有些人則靠別的事情來排遣時間。譬如，我認識的一個人就打算在退休後獨自駕船橫渡太平洋。但是這些畢竟是外在的，而解決問題的關鍵是內在。癥結在於他們沒有事先做好計畫，沒有建立起一套價值觀。價值存在於心靈之中，而不是向身外去尋求。

以我而言，是不是應該組織所有的斯瓦米成立一個工會，爭取退休的福利？我還真不知道應該向誰去爭取。也許應該去問梵天。但實際上，我從來沒有想過所謂退休的事。你知道為什麼嗎？因為我從來沒有工作過。我的整個人生都在度假。很多人非常努力工作，為的是換來幾天的休假。而我則不用工作就可以休假。我以度假的心情做自己要做的事，因此每天都樂在其中，不存在從工作轉換到退休的問題。

可是我心中非常清楚自己的未來，這個肉身終有一天是要捨離的，我現在已經在為此做準備。我的目標明確，對於肉身的死亡以及其後的事，沒有任何恐懼不安的感覺。

我希望大家也能立刻開始規畫自己的生命。現代人的平均壽命比過去長，修習瑜伽也有助於延長壽命。其中最有效的長壽方法就是作弊。怎麼作呢？我們的生命帳戶裡存有幾十億次的呼吸，要慢慢地使用，不要花得太快，如此而已。只要能把呼吸放慢，就可以活得更久。

首先，要把心放慢下來。否則呼吸就不能放慢。你要列一張清單，寫出自己的每一個負面心態，再將它們逐一解決。例如：我今天提高嗓門幾次？這是負面的。今天有沒有消沉的念頭？這也是負面的。該如何對治消沉？光是坐在那裡想著：「喔，我又消沉了。」這只會讓自己變得更消沉。若要從消沉中走出來，就去幫助別人；如果不快樂，就去為別人服務。這是最好的對治之方。要寫一張這樣的清單，然後著手清除其中所列的事項。這樣你的情緒就會得到淨化，呼吸自然會變得深長。

我們可以為自己定一個五年計畫：五年內要完成的心靈目標是什麼，要學習什麼，克服哪些負面情緒？還可以為自己定下更長遠的目標：在今生要完成什麼，要成為什麼樣的人？把這些都寫下來，然後發心去做。一旦發了心，就會有感應。我們的內在會有一種力量引導自己走上該走的方向，創造條件幫助自己達到目標。

你原以為自己是什麼樣的人？現在請重新檢視自己所認同的身分，從新的角度來看它們。日常生活中的任何一件事都是神聖的，自有其意義和價值，要用全新的眼光去看它。即使再普通不過的事，我們都應該提醒自己，去找出它神聖的一面。而且，你一定可以找到的。你能夠如此，就會有深深的滿足感，不管別人做了什麼事，都不會影響到自己。不要受外界的人和事影響，我們要打造的是自己的心靈，這是最重要的工程。要像一位建築師或藝術家，一點一滴、小心翼翼地用自己的每一個念頭，堆築出完美的心靈。

在心靈中蓋一座神殿

大家有沒有聽過一個關於蓋廟宇的故事？這是泰米爾（Tamil）文學中的故事。

很久以前，在森林中有兩個非常虔誠的靈，一個住在大象的身體中，另一個存在蜘蛛的身體中。森林裡的一棵大樹下有一塊林迦石（linga），那是印度廟宇中常見的用於膜拜的橢圓形石頭，是混沌初開的象徵物，上面並沒有刻字或者雕畫出任何形狀。

有一天，蜘蛛經過樹下，發現了這塊神聖的林迦石。牠想：「我應該為林迦蓋一個棚子。」於是就在石上織了一張精美的網。其後大象經過，也發現了林迦石，但是上面居然蓋著蜘蛛網，就把蜘蛛網清除，然後去河邊取了水，淋在石頭上，就像我們祭祀林迦石時要淋上清水一樣。

第二天，蜘蛛回來，發現自己為林迦石供養的網不見了，就重新織了一張網。然後大象回來，又把蜘蛛網除掉……

這樣幾番來回，彼此都沒有發現對方。直到有一次，蜘蛛終於發現大象在破壞牠的網，就跳進大象的鼻中狂咬，並分泌出毒液。大象毒發身亡，倒下來的時候，把還在牠鼻中的蜘蛛也壓死了。

在下一世，大象的靈投胎成了國王，蜘蛛則生在婆羅門階級的窮人家中。國王累世帶來的虔誠心，驅使他要蓋一座最輝煌的神殿來榮耀神，於是找了最好的工程師、各種不同手藝的匠人、大批的工人，請星相師擇日開工，並定下若干年後落成啟用的日子。（大家只要參觀過印度古代的廟宇和宮殿，就會明白這些工程是多麼浩大，又是多麼精緻。）

那位蜘蛛轉世的婆羅門僧人雖然窮，但虔誠之心絲毫不遜於國王。他也要蓋一座最輝煌的廟宇，不過是蓋在自己的心靈中。於是，他就在打坐的時候觀想自己正在建造廟宇：從一寸一寸丈量土地開始，到一鏟一鏟挖掘地基、一斧一斧伐木取材。如此日復一日，用了許多年，他終於依照自己的規畫設計，一磚一瓦地在心中蓋起了輝煌的廟宇。隨後，他用心念邀請所有的天神，在廟宇落成之日前來參加祝禮大典。

在同一天，國王的神殿也將完工啟用，他同樣召請所有的天神前來參加典禮，可是卻沒有一位天神現身。他們都去了另一座廟，因為心靈中的廟宇比物質世界中的更加殊勝。

這個故事告訴我們，你我都可以在心靈中蓋一座神殿，把自己的人生當作建造神殿的過程，一磚一瓦都不草率，一念一行都清清楚楚，都要賦予神聖的意義。若能發心自己的人生要朝著這個方向前進，就會成功。

所以，請從今天起改變人生，讓生活的方方面面都神聖起來。大概有人會問，日常生活有何神聖可言？在他看來，心靈修行和俗世活動是不能並存的。這其實是觀念上的問題。例如，人的某些工作業務是需要保密的，但人可以賦予它新的意義，把保密看成是一種心靈上的守靜。如果正在節食，不要只把它當成一種治療或減肥課程，而應視為節制欲望、自我控制的修行，是一種「自我犧牲」的神聖行為。

請重新檢視自己的日常生活，把心靈層面融入其中，試著用不同的眼光去看待一切。你可以先從比較明顯的環節入手，漸漸地越來越熟練，就會發現原本不覺得有意義的事情，現在都顯現出了心靈上的意義。你的人生自然會變得神聖起來。

我們的各種行為是神聖的，身體是神聖的，外在的環境同樣是神聖的。人的身體也是自然的一部分，兩者之間哪有什麼分界線呢？人的呼吸和自然界的空氣也是沒有界線的，我們無法給它們劃下界線。

重視心靈層面的文化，是不會把大自然當成物件的。他們能體認到，諸事萬物都有靈在其中。散步時，人停下來欣賞一棵樹，那是人的心靈認出了自然中同樣的心靈。如果人把樹當成一個物件，那實在就像好色之徒色瞇瞇地盯著婦女一般。

小時候，家裡就教導我們，每天早上起床時，在下地之前，要先謙卑地對大地之母說：

噢，以海洋為袍、以山嶺為胸的聖母，

噢，上天之神的配偶，
請原諒我用腳踩著妳。

至今信奉古老文明的人民在狩獵時，會先尋求動物之靈的諒解，說：「對不起，我需要這麼做。」印度人建築房屋，破土之前要舉行地祭的儀式，請求大地之母諒解、允許工程進行。大家如果看見印度村莊外面的樹上結著繩線，這是村民在向樹神許願。如果許的願實現了，許願的人就會回來解開繩線，然後供奉還願。

基督教興起之前的歐洲古文明裡，無論是希臘、羅馬、凱爾特（Celt）、德魯伊（Druid），都信奉萬物有靈論，可是後來的歐洲人卻不認同此觀點。現代西方文化更是對這種心靈的信念嗤之以鼻，認為它是精靈論。在他們看來，崇拜天地是一種無知的行為，與其去拜一條河，不如去拜真的上帝。其實，膜拜者所崇拜與感應到的，是河中的神性，是樹中、山中的神性。

人和自然根本上是合一、一體的。現代很多人主張永續發展，把這當作保護環境的理由。但我相信的是「存敬」，而不是所謂的永續發展。保護環境不應該是出於功利的原因，不是為了在百年之後還可以去砍伐樹木、濫用資源。我們應該只是為了大自然而講求環保，因為大自然中的一切都是神聖的，理應得到人類的尊敬。

人走到樹林中，靠在樹幹上，就能感到身體內的呼吸與樹的呼吸在一同上下流動。人會覺得，把那棵樹砍下來，就彷彿是把自己砍下來。如果人能體認到各種形式的生命都是一體的，就可以聽到這些生命（比如那棵樹）所發出的聲音。是的，人是神聖的，周圍的一切也都是神聖的。人的呼吸是內在的一條河流，坐在這條河岸邊，讓心靈隨著河水漂流，人會感應到萬物都有活生生的靈在其中。

心靈朝聖之旅①

在神祕主義傳統中，尤其是在印度的傳統裡，人生有如一段旅程。朝聖之旅只是內在的心靈旅程的外化表現。對於朝聖，我們要先瞭解幾個重點。

供人朝聖的聖地是曾經有神蹟顯現的地方，有聖人曾在此苦修、靜坐，或者得到神明啟示。有些聖地的某個特別地點孕育著神祕的能量，例如像漩渦似的能量。對此我曾經在好幾個地方有過體驗，最強烈的一次是多年前在哈里德瓦市（Haridwar）的大壺節，隨同我的上師浸浴在恆河中時感受到的。

朝聖是為了完成某些心願，達到某種心靈上的目標。例如，人十分清楚自己有某種心行上的缺點，或者曾經犯下錯誤，希望從中解脫，那麼朝聖就是一種淨化的過程。朝聖也可能是為了戒掉某種不好的習慣或成癮行為，希望得以自新，不再追逐感官之樂。

虔誠朝聖的人常常會得到感應。能感應到多少，是依心念虔誠的程度而定的。假如心頭還糾纏著不安定、不清淨、憤怒、不耐煩的情緒，神聖能量就會躲著朝聖者，令他空手而回。

朝聖並不見得就是最高尚的修行活動，但是比起假日旅行，朝聖之旅更能發人深省、豐富心靈。與其去聽一堂教導如何守靜的課，不如自己保持靜默。與其去進行外在的旅行，不如做一趟心靈之旅。如果心態虔誠，行為合宜，朝聖之旅就可以淨化自心，讓人卸下心中的負擔，戒掉上癮的事物，從而更堅定地去探索內在世界，體認到心靈的強大力量。

要走上心靈的朝聖之旅，首先要發心，保持靜默和安定，放棄享樂，節制欲望，控制飲食，隨遇而安，不讓心念隨著感官外馳，也不要沉湎在安逸的回憶中。印度聖哲卡比爾說過：「如果到河水中浸一下就能得到解脫，那河裡的魚豈不早就解脫了？」所以，內在的朝聖遠比外在的朝聖重要。

聖地的梵文叫做 tirtha，意思是涉水之津。大家可以把朝聖當成橫渡的起始點，由此讓自己的心行和生活提升到更高的層次。出發時要下決心：「朝聖之旅結束後，我將會更高尚、清淨、光明、安定，更接近心中的神性。」

每次朝聖之後，要與「舊我」不同，宛若重生。請把人生變成一段旅程，走向心中的聖地吧。

---

1. 二〇一〇年印度傳統的大型朝聖活動「大壺節」在哈里德瓦市舉行，在約三個月的時間內，有五千萬人來到這座恆河邊上的小城朝聖。四月十五日是節慶的最高潮，成千上萬的僧人一齊走入恆河中進行神聖的浸浴。斯瓦米韋達針對朝聖的心靈意義有過一段簡短的談話，因為與本篇的主題相呼應，所以收錄在此。

CHAPTER 08

瑜伽的整體健康觀

現在很流行的一種養生觀念是所謂的「整體健康」（Holistic Health）。「整體」的英文holistic，源自希臘文的holos，意思是：個體的每一個組成部分都是圓滿完整的，而整體大於它的各個組成部分之和，也是圓滿完整的。holos的另一個相關意義是英文的holy，意即神聖、純潔。因此，「整體健康」追求的是身心整體的和諧，意即人格中所有的部分都是調和的。

此外，holos要表達的意義不僅是一種過程或狀態，而是終極的完成、實現。這個詞過去常常在舉行火祭聖禮時使用。例如，在印度人祈請神明祝福的火供儀式中，當所有供品都投入火中，象徵儀式完成、神明接受了祈請，就叫做「圓滿」，也就是古希臘哲學家和祭師所崇尚的。印度人到今天還會在火供儀式完成時唱誦〈功德圓滿〉的咒語：

彼是圓滿，此是圓滿①

圓滿是從圓滿中取出；

將圓滿減去圓滿，
所餘者還是完整的圓滿。

頌辭中所唱的圓滿，就跟數學、哲學中對「無限」這個概念的定義是相同的。

依照「整體健康」的字面意義，要實現圓滿，就要具有將人格視為神聖的心態，也就是哲學中所稱將人格比作「神的殿堂」，是健康者、病人、醫者都要虔誠敬仰的神殿。

健康（health）也意指治療（healing），健康與治療的英文都源自古老的撒克遜文字「整體」（whole）。而「健康」的梵文 **svasthya**，是形容 **sva-stha** 的狀態。**sva-stha** 在梵文中的意思是安住、自足、自在，更深層面的意義則是「安住於自己無邊無際的本性中」。這意味著，如果沒有體悟到自己內在那無限的神性，採用任何促進健康的手段都只是片面的，人終究無法得到永久和全然的健康。

sva-stha 蘊涵「自我本性」之意，所以「整體健康」就是指安住於自身各部分所組成的整體中，而不必仰仗外在的因素。如果有任何缺陷，不論是生理、心理還是心靈上的缺陷，就不再完整，是疾病入侵。

每個人都希望健康長壽，擁有幸福快樂的人生。但是如果不認識構成生命的各個成分，我們又如何讓它們調和運作呢？根據印度古代的養生醫學，也就是阿育吠陀（ayur-veda）的理論，每一次生命的輪迴，每一個生命的歷程，都是覺性的連續，是由四個部分結合而成的：身體、官能[2]、心意、心靈。唯有認識了這四個部分以及它們之間的相互關係，我們才算真正瞭解生命的過程，才能明白完整的整體才是健康，缺陷就意味著疾患。而要對治各項缺陷，首先要認識它們的成因。

斯瓦米拉瑪在著作《整體健康》（*Holistic Health*）中寫道：「現代人都在扼殺自己的良知。」這裡的良知是指對自己神聖、圓滿本性的覺知。人們對健康的訴求往往是片面的，因為沒有通盤考慮到構成生命過程的四個因素。例如，在治療骨折的時候，人們只研究骨骼的康復。我們知道病人「如何」骨折，可是否知道他「為何」會骨折？為什麼他會心不在焉以致發生意外？在生理狀況相同的情況下，比如血紅素指數等因素都相近，為什麼某個病人會比另一個病人康復得更快？

又例如，現代醫學對於免疫系統的作用有十分深入的研究，可是為什麼人的身體有時會讓自己的免疫系統不能發揮作用？意志力在免疫系統發揮作用的過程中扮演了什麼樣的角色？意志力又是從哪裡生發出來的？心的所在又是怎樣的？意志力是藏在心的哪個角落，我們能不能把它找出來分析一下呢？

阿育吠陀養生觀在提到疾病的時候，用了兩個詞：惱（adhi），病（vyadhi）。惱是心理不滿足、不快活的狀態，是由貪婪、欲求、忿怒等等不聖潔的態度所引起。這些都是心靈和心理上的疾病。而生理上的疾病就叫做病。

阿育吠陀最重要的文獻《查拉克文集》中反覆提到：所有生理的病都是由「惱」所引起的，兩者存在因果關聯。有些生理疾病可以明顯地看出是由哪種心理和心靈的惱所引起，而有的就不是那麼明顯，因為它和業力有關。

阿育吠陀認為，像是忿怒、妒嫉、貪婪等等，都是某種心理疾病，有心靈上的成因。當心靈修行的功夫深了，就可以逐漸削弱「惱」的強度，消除引起生理疾病的成因。所以我們要充分瞭解心靈與心理的關係、身體與官能的關係這兩個方面，才能夠全面地診斷出疾病的成因。

例如，為什麼活在恐懼之中的人會招致危險上身？為什麼免疫系統失效無異於自殺？斯瓦米拉瑪說：「任由恐懼擺布就簡直是在自殺。」如果不從改變心理狀態著手，就算用再好的醫術治療身體，療效也不會持久。只有先從根本上消除「惱」，才能夠預防身體的疾病，恢復健康。

惱和病的相反面是三摩地（samadhi）。阿育吠陀所說的三摩地，從字面意義上看，是指和諧聚集、圓滿解決，把分離對立融合為一，帶來統一、和諧、平衡。在心靈修行中，禪定的最高境界就是三摩地。心靈、身體、心理不諧調是惱和病的誘因，只有它們完全平衡了，才會達到三摩地的境界。因此，健康者的心是平和的，他們可以沉浸在對「本我」

（atman）的覺知裡，將能量注入心念中，同時讓心念保持警覺，不致陷入昏沉，以至於不能保持正當的念頭、情感、行為。

以上所說的不只局限於大家熟知的心理輔導、心理矯正的手法。現代心理學理論根源於西方對於心和靈的觀念，可是西方哲學思想歷經二十六個世紀還不能對什麼是「心」（mind）下一個明確的定義。現代心理學祖師佛洛伊德的母語德文中，沒有一個字可以完全表達「心」的完整意義。現代西方世界所理解的「心」，以及對「心」所做的一切分析，都只是限於「心」的前兩種狀態：散亂、昏沉而已。他們還沒有達到研究什麼是專一、滅定（絕對的定和靜），或者三摩地的狀態。

斯瓦米拉瑪說過：「心專一了，意才有活力。」這句話的關鍵在於「活力」。「意」要活力充沛才能發揮作用，有效地改變人格的缺陷。所以我們強調要先學會怎麼去使用、駕馭自己的心，調和了心，平息了內在衝突，就可以防止那些會導致傷害的因，例如對別人施加的暴力，或對自己的暴力（壓制自己的免疫系統）等。就像醫師，要做的不只是把骨折醫好，在幫傷者縫合傷口時也應該教病人把心定下來，讓他慢下來，例如把呼吸放慢。

阿育吠陀的文獻說，所謂健康，就是人格所有的部分——身體、官能都達到均衡的狀態。在《薄伽梵歌》等其他經典中，也一再強調要學會讓心保持平衡。心平衡的同義詞是「住於原質」，其定義為諧和、躁動、陰暗三者達到完全均衡。[3]要達到這種絕對均衡，就必須掌握專一、禪定的功夫。

難怪印度的醫院一直附屬於寺廟，到了近代才分離出來。在過去，拜神和疾病治療都統一由高僧管理；即使到了今天，仍然有些修道場所附設有自然療法機構，與心靈的修行相輔相成。所以斯瓦米拉瑪會創立「喜瑪拉雅醫院信託中心」，讓它和修道的學院成為姊妹單位。

在喜瑪拉雅醫院服務的每一位醫師和護理人員，都要先學會正確的呼吸方式，以及如何放鬆身體，放慢心的步調。住院的病人不論得的什麼病，也要跟隨我們學習正確的呼吸方式，把心定下來，以免受焦躁心情的影響而延緩康復。駐院的心靈導師會巡視病房，輕觸病人的額頭，教導他們用心念來幫助自己加速康復。

當今時代迫切需要的是加強大眾對「整體健康」的認知，應用修證的原理來淨化心靈，防止「惱」病在心中生根，從而有效抑制生理的疾病，降低疾病的強度，縮短康復的時間。

願大家都能實現身體、官能、心理、心靈的調和，也能讓大地回復其療養眾生之母的角色。

---

1. 這裡說的「圓滿」有完整、完成、完美、完善的含義。
2. 根據瑜伽及數論，所謂的官能（或者譯成「根」）共有十一種。一、五種知根：眼、耳、鼻、舌、身，有認知、感覺的功能，但不是指具體的身體器官，是被動的。二、五種作根：手（取物）、足（走動）、口（言語）、大小遺（排泄）、男女（生殖），有行動的功能，是主動的。三、三意根，兼有覺知及領受的主動和被動功能。
3. 原文 prakṛti 在此譯為「原質」，也可以譯為「本質」（《金七十論》中將之譯為「自性」，但這是否為後來禪宗所謂的「自性」，尚無定論）。此外，prakṛti 是印度主流六派哲學之一「數論」哲學所提出來的觀念，也被「瑜伽」哲學所吸收。prakṛti 的字面本意是本質、自然（nature），在數論派看來，是一切「物」的初始狀態；只要是所謂「物」，都是從原質變異演化而來的，都具有三「德」。萬物的滋生，是因為這三種德失去了原始的均衡，開始交互作用而來的。「德」（guna），中國古時譯音為「求那」，三「德」就是三種特性：satwa、rajas、tamas，具體可理解為：喜樂和諧、憂苦躁動、怠惰癡愚。在《金七十論》中，有時也簡稱為：喜、苦、愚。

CHAPTER 09

放下焦慮的心

失落、焦慮、恐懼。

滿足、希望、信心。

這些情緒經常在生活中交互起伏，甚至共同存在，給人帶來歡樂，也帶來憂愁。

現代人時常陷入焦慮和恐懼之中。人們為什麼要為那些抓不住的東西感到遺憾？何不為自己的成就感到高興呢？

請在一張紙條上列出所有已經完成的事、讓自己開心或他人開心的事，好好回味一番。我們在任何環境中都可以找到讓自己快樂的事情，把心思放在其上，而拒絕再去憶念不快樂的事。

不要總是陷入一籌莫展的心境。人的命運不是由神決定，也不是由天上的星宿決定，當然更不是由什麼塔羅牌決定的。**命運是由人的決心和意志操縱的，人一生中都在不停地改造自己的命運。**

我們常常聽到有人大嘆今不如昔，他們對時下的大環境、對「這一代人」的遭遇充滿憂慮和焦躁。不過，古代的典籍中記載了當時人們的生活情形，大家讀過就會知道，現代人所經歷的悲歡離合，古人一樣體驗過。萬年之後，我們的後人同樣會懷念現在這個「美好時代」。當然，我們完全可以下決心做出改變，從而決定自己的未來——不論是一年以後，還是千年以後的未來。

其中的祕密就在於，人的決心和意志可以決定命運。**只要種下決心的種子，澆灌它，讓它發芽，人的行為就會服從堅定而專注的心念，為願望的實現創造條件。**但是，首先要學習如何播下決心的種子。

要知道，**在某個心念成形之後，六個月後，有形的世界裡就會發生相應的具體事件。**現在播下的念頭，其結果最快會在六個月後浮現。大家有沒有留意過自己正在播種什麼樣的念頭？是善念嗎？你現在所懊惱的事，可能是兩年前種下的心念形成的。當時有留心自己在播什麼樣的種嗎？不要忘記這個定律。我的老師斯瓦米拉瑪說過：「你就是自己命運的設計師。」

此外，我們所謂的決心，也不是那種只有短暫熱度，或關於芝麻小事的心願。因為這些很快又會被其他的願望所取代。

在下決心前，先用幾分鐘時間觀察自己的呼吸（這本身就是一門學問，也是首先應該學會的）。

把心撫平，讓它完全靜下來，沒有一絲皺紋；心是靜默、安定的。然後，靜靜地（非常安靜地）把一份資訊送到自己心念的世界中。完成了這一步，就把決心留在那兒，交付給神聖的意志，不要與它爭鬥。

請試著每天重覆一次這個過程。

這樣，對自己應該做什麼事就會了然於心，同時會發現自己已經自覺地開始做了。冥冥之中自然會有意想不到的人和事來幫助你。

要始終保持心境的平和。做個旁觀者，不是行為者。

此外，還要瞭解一個道理：「表面看來對立的事情，本質其實是和諧的。」例如，從印度搭飛機向西飛行，一直向前反而會回到東方。任何一種力量本身都同時具有相反的力。作用力會孕育、滋養、支援和顯示反作用力。

這個道理也可以應用到經濟的層面。以美國爆發的金融危機影響全球經濟為例，美國的金融體系製造出大量的財富泡沫，一旦無法掩飾下去，經濟就會隨之衰退。所以石油的價格從一百五十美元跌到六十美元，房地產貶值，失業率上升。經濟衰退是經濟擴張的反作用力。同樣地，現在世界經濟處於低谷，但其中孕藏著回升的機會，所以還會反彈。

可是我們要如何平衡這些高峰和谷底，避免一次次落入相同的陷阱呢？答案是智慧，要學會求平衡。這就需要全社會共同下定決心，去節制我們的欲望。

印度的經濟受美國拖累的程度不高，原因是印度人不傾向走美國式的極端經濟路線。美國人熱衷消費和享受，不惜欠債來花費，所以財政赤字和國民負債都是天文數字。印度人一般認為欠債是沒面子的事情，民族性格傾向於保守和自制，國家經濟體制也大致反映了這種心態。

目前，印度只有部分地區過分依賴歐美市場，使經濟受到影響，而其他地區基本還是能維持在均衡狀態。所以，只要不被負債消費的行為所牽制，不跳進那個陷阱中，印度自然會安然走出西方世界經濟衰退的陰影。由此可見，我們要保持固有的「勿貪」美德，學會節制欲望。假如買不起大車，就開小車吧。而且更重要的是，心態上要能對開小車感到滿足。正如《瑜伽經》所言：「知足者才能無比自在。」

當然，美國經濟仍然有希望，因為美國社會有行善好施的傳統。據公布的資料顯示，在經濟大幅度衰退期間，美國人慈善捐贈的金額反而有所提高。人民在困難時期願意拿出更多的資源和比自己不幸的人分享，這就是和諧的展現，是在融合對立面；意味著社會集體的心念世界裡有那麼一股力量，在推動由惡到善的循環。如此這般，把獨占的心態轉化成分享的心態，有助於填補貧富不均的差距。

如果印度人也能夠向此看齊，經濟一定會復甦得更快。例如，企業應該在景氣差的時候，在能夠負擔的前提下盡量留住員工，等待景氣回升。這會加強員工對企業的向心力，提高生產力。

最後，總結以上論點如下：

- 要回味自己的成就，不要在挫敗的記憶裡消沉。要記住，命運操之於己，不在天、不在他人手中。要學會怎樣有效地下決心。
- 要明白是心念在影響有形世界，我們可以透過改造心念，塑造出自己想要的有形世界。
- 要學會運用「對立中有和諧」的定理來造福世界。
- 要實踐「勿貪」原則，從下面兩條著手：

1. 減少一些自己的欲望。
2. 在個人、企業、社會層面，更多地與別人分享。

能做到這些，得到的就不是那種虛假、過熱的經濟環境，而是能夠長期穩定的經濟局面。從克制個人的心行做起，擴展到國家的經濟層面，就能影響世界的經濟。

請謹記，焦慮的心會做不出正確的決策。

最要緊的是：學會把心靜下來。

BH0068

從心開始幸福：斯瓦米韋達的瑜伽心靈豐盛法則

作　　者　斯瓦米韋達・帕若堤（Swami Veda Bharati）
譯　　者　石　宏
責任編輯　于芝峰
協力編輯　洪禎璐
美術設計　小　草

國家圖書館出版品預行編目（CIP）資料

從心開始幸福／斯瓦米韋達・帕若堤（Swami Veda Bharati）著；石宏譯.－初版.－新北市：橡實文化出版：大雁出版基地發行，2025.02
面；14.8*21公分
ISBN 978-626-7604-27-4（平裝）

1.CST: 瑜伽　2.CST: 靜坐　3.CST: 靈修

137.84　　113019642

發 行 人　蘇拾平
總 編 輯　于芝峰
副總編輯　田哲榮
業務發行　王綬晨、邱紹溢、劉文雅
行銷企劃　陳詩婷

出　　版　橡實文化 ACORN Publishing
新北市 231030 新店區北新路三段 207-3 號 5 樓
電話：（02）8913-1005 傳真：（02）8913-1056
E-mail 信箱：acorn@andbooks.com.tw
網址：www.acornbooks.com.tw

發　　行　大雁出版基地
新北市 231030 新店區北新路三段 207-3 號 5 樓
電話：（02）8913-1005 傳真：（02）8913-1056
讀者服務信箱：andbooks@andbooks.com.tw
劃撥帳號：19983379 戶名：大雁文化事業股份有限公司

印　　刷　中原造像股份有限公司
初版一刷　2025 年 02 月
定　　價　420 元
ISBN978-626-7604-27-4